倒産者の「生まれ変わり」

中井圭次
Nakai Keiji

—良好は
偉大の敵である—
ジム・コリンズからの提言

風詠社

はじめに

　筆者は中小零細経営者として二〇〇九年に会社倒産を経験したのであるが、その明確な「終わり」を新たな「始まり」にすべしと自ら励ましつつも、今後について、なにをどう進めていけばよいのか皆目見当がつかなかった。その間、倒産に至った経緯が沸々とこころに浮かびあがり、なにより会社諸々を失った悲しみと苦しみ、そして慚愧の念に苛まれた。あくまで筆者が判断した適正経営であったにしても、賢明な経営を心掛けていたつもりもあって、何が誤っていたのか？　或いは何が正しかったのか？　そこでは納得でき、確信できるものを得られはしなかった。その頃は考える術もなく、それ以上考えるべくもなかった。

　筆者は、その後生活の安定と新たな生活環境への順応に精一杯で、月日はたつが倒産のことが頭を離れず思い余って二〇一三年盛夏、四十日間の四国歩き遍路をした。そのことから高野山大学で学ぶ縁を作り得て、ここに漸く自身やこころをより適正に眺め得る端緒が開けたのだと思う。以降、倒産原因が何であったかを気に掛けつつ、あるべき経営なり経営者像を渺《びょう》として思い描いた。そのような経緯を背景に、本論においては倒産者のこころに始め、個人面と社会面からの『倒産者の「生まれ変わり」』を主題に考察を行ってみたい。

倒産者を銘打つ表題を掲げた理由は、まず繰り返すまでもなく筆者自身が倒産経験者であったこと、そして筆者の場合、自宅競売という法的措置の決着までの二年弱もの長きに渡り、倒産諸々を長く悶々と引きずったことがあった。二点目は、以上の経緯のなか、筆者は自身のこころのもやもや感を払拭すべく書物やネットでなにかと解決の糸口を探したが、実にここで、世間では倒産者の再生など全く視野になく、例えあってもそれは第三者目線で倒産や倒産者の状況を、興味本位或いは怖いもの見たさで語り終え、特に倒産者のこころの問題に至ってはその真っ当な取組みなどただの一つも出会わなかった。おそらく倒産者の問題をマネーの問題と見限っている。倒産者はこころに深く痛手を負ったにもかかわらず、事情が事情なだけに誰にもそれを語るに語れず、それがあってか無かってか、この多くの喪失を伴った傷心の介抱は世間一般に全く考えられていない。そして三点目、倒産は過去十年、年平均一万件（除：個人事業所）ほど発生した社会現象であり、また今後も続く。従って倒産者のこころの苦しみは隠れた社会問題として存在し続ける。筆者の思考過程が筆者のみならず、そんな倒産者への某かのお役立ちにでもなればとの思いもあった。また、そのお役立ちは、倒産者に限らずすべての経営者へのものとも考えた。因みに、本論の倒産者の範囲は、銀行融資の際に連帯保証人制度が適用される中小零細企業経営者である。さて表題に銘打ったもう一つの語句が「生まれ変わり」である。筆者は、倒産後に改めて経営に取り組んだ頃のこと、倒産経験者は往々にして倒産を繰り返すとのデータに接した。筆者はその記事に震撼とし、今後にあっては人間が入れ替わるほどの変容が必須と強く思った。そのことを再生でも再起でもなくＤＮＡが入れ替わるほどのもの、それを「生まれ変わり」と表現した。この語は本論のキーワードである。

第一章では、倒産者のこころの問題を取り上げ、そこからの再生への道を探る。ここではこのそれぞれに、仏教の心理的側面と実践的側面からの考察を行う。仏教を選択した理由は、仏陀の教説の次の点に依る。それは仏陀のそもそもの意図が現実の人生の問題の処し方にあり、そのことに対し、誰もが等しく取り組むべきその具体的手順を説き示した点である。筆者は常日頃、あやかりたいと思っては著名経営者の人間学風の文言に接しては、結果、自身に何ら変化が起きないことに正直辟易としてきた。そしてその語り口なり言葉はもうたくさん！と思うようになった。他方、仏陀の教説なり仏教には、瞑想技法において、そこに自身の努力と所作において知り歩むべきことが具体的に説かれている。それは一時的な高揚感で終わる変化ではなく人間丸ごとの変化をもたらす。正にそこに「生まれ変わり」がある。当章ではその瞑想技法をひとまず置いて、倒産者の問題を仏陀の教説、アビダルマ、唯識に依って解決を模索し、そこから当該瞑想の選択に至る一応の結論までを記したい。

第二章では、視点を個人から社会へ広げ、そこに「生まれ変わり」経営者が取り組むべき事業活動のありかたを模索する。経営者の根幹はリーダーシップと言われる。従ってこの考察は、経営者のリーダーシップが根ざすべき事業活動のこころに基づく活動の在り方の考察でもある。そこで、昨今リーダーシップ養成の視点で活用が広がるマインドフルネスが瞑想を取り入れていることに倣ってみたい。最初に八正道の各項目の意味や全体像をまとめ、それを下敷きにマインドフルネスの要諦を見定め、そこに「二つの形式」を明らかにする。次いで仏陀の教説を論としてまとめたアビダルマに説く社会活動上の四摂法と四無量心のなか、その核心が同自であること、及び母親という存在が正に同自を体現していることに着目する。そこから同自の獲得を所期の経営者のリーダーシップ発揮の力量として、その養成手順を自身の母親への同化、及び先の「二つの形式」の活用を共に行い、そこに標準的な同自の体得手法を示してみたい。それを本論は「内観の瞑想」と表現する。

第三章では、倒産者のことを離れ、瞑想一般の意味なり意義を考察する。筆者の瞑想への取り組みのなか、特にミャンマーでのリトリート（瞑想修行）は、言葉で語り得ぬ真理を改めて考察する端緒となった。また彼の地の一般の方との会話のなかに瞑想が生活に根付いていることの見聞も得た。かかる体験を含め、各種体験から瞑想を考察し、そこにその智慧獲得の特質、瞑想所作がもたらす意義、また瞑想が癒しや生きる力となることを記したい。

目次◉倒産者の「生まれ変わり」

第2章　経営者が「瞑想者として生きていく」こと

第３章　瞑想の意味

倒産者の「生まれ変わり」

——良好は偉大の敵である—— ジム・コリンズからの提言

第1章　倒産者のこころの問題と再生への道

１．１　倒産者のこころの問題

１．１．１　問題の所在、経営者（含．倒産者）の自分像

事業活動は、強い主体性を持って企画と運営がなされるべきものである。経営者が抱く自分像のイメージは、世間一般に、経営に対して語られる以下の文言によって知れる。Ｍ＆Ａが盛んに取りあげられはじめた頃、会社は誰のものか？がよく論議されたが、中小零細企業においては代表取締役兼社長、その人である。また神託のような「企業は永遠に続く（ゴーイングコンサーン）」が世間一般に語られ、著名企業の経営理念には「永遠の利」（三井物産）、「永遠に社会と共に」（住友商事）、「永遠の信頼」（大和ハウス工業）等、〝永遠〟の語が頻出する。西武グループ堤義明は、父堤康次郎の遺訓「堤家永遠の繁栄を念とし……」「堤家の事業の管理人と言う観念を持て」に沿い、会社を先代からの預かりものと認識している。(1) ここには永続への強い思いが窺える。その永遠、永続への思いは中小零細社長とて同じである。

会社の職務には専務、常務、部長や課長等がある。経営者（社長）の役務は「経営とは他人を通して事をなすこと」(2) であって、社長は別格との自負心を持つ。それは、会社内の構成員は社長の指示命令に沿って動き、社外の人もその言動を社の最も重い言葉として耳を傾け、そこに自身が絶対的な存在であるかの認識を抱き、或いは持たされていく。他面、そのような境遇

での生活が、心ならずも個人の成育歴での母子一体時の万能感であるナルシシズム(3)の、その思いどおりに事が進められた過去の境遇を再び芽生えさせ、驕慢と共に一層自身の絶対感なり確固たる存在感を強めるなどの事態を引き起こしかねない。

さらに「わが社のＤＮＡ」の用語や家訓の類、「日本企業の94％は同族企業で、上場企業の四割はファミリー企業」(4)という厳然たる事実がある。前出の堤康次郎は「私は、祖父と私をあわせた百五十年の経験を積んだ」と言い、その子堤義明も「私の人生は先代二人の上に築かれている」という(5)。誰しも自らの血脈を累々と続くものととらえがちである。

経営者の主体性は、以上のように培われたであろう自分像において発揮される。その確固とした、或いはあるべきと考える自分像は、固着の固定的な性格となる可能性がある。と同時にその頑なさは、社会の調和を崩す影響を及ぼす可能性もある。中小零細社長が抱きがちなこの自分像は、事業が順風満帆で継続している時はそのまま見過ごされるとしても、会社倒産の場合にあっては、数多の喪失の圧倒的事実と共にその一端が明らかに崩れるのであって、問い直さざるを得なくなる。そしてこの自分像、即ち〝経営者が抱きがちな自分像〟は、仏陀が世人に見た問題の一般的な様相、「……、それを観察してこは我所なり、こは我なり、こは我体なりとなすこと……」(6)での「我所」、「我」、「我体」に的確に表現されているように思う。「我所」は事物が我の所有であること、また事物への執着である。「我体」は自己の肉体は亡びても恒久不変の本体、本性、本質があると考えることである。[7]「我」とは他の力を借りずにそれ自体で存在できるもの、或いはそのような本性・本質をもつもの、永遠に存在するものといった意味である。実体とも言い表す。[8]そして仏陀は口を極めてその間違いを指摘する。従って、問い直されるべきは、当然視するようになって自身のこころに抱き持つに至った「我」「我体」「我所」の自我意識である可能性が極めて高い。

但し、このことの問い直しは現代においては違和感が伴う。それは私たちが科学や科学思想に深く馴染んでいるからである。改めて語れば、これらの源にはヒューマニズムやデカルト哲学がある。ヒューマニズムは「人間が世界の中心……、人間中心主義に他ならない……」とされ、デカルト哲学は「人間中心主義に対して哲学的、理論的基礎を与えた」[9]とされる。デカルトの精神と肉体等で語られる二元論は科学思想の拠り所となり、また「われ思う、ゆえにわれあり」の語が象徴する確固たる我観は今や当然視されている。その我は、他者から峻別され他者と対峙するものである。科学と科学思想に彩られた現代社会はこのような我観が溢れ、誰しも前記のような「我」「我体」「我所」を省みることなく、かかる自我意識に浸かりきっている。

1.1.2　中小零細企業倒産の特質と問題点

中小零細倒産は、経営者の主体的な動きや主観的な思考に対して社会が下した客観的事実と評価と言える。それは、倒産となった場合、（1）筆頭連帯保証者（代表者）の個人破産、（2）他の連帯保証者の債務解決、（3）代表者の財産問題、（4）抵当物件を提供してくれた第三者の財産問題、（5）代表者の再起問題、となって表れる。(10)

これらの実際を以下の数例で確認してみたい。工務店を興し社長に就いたA氏は、突然の施主の倒産のあおりで自社が倒産する。家賃の滞納から住まい退去の提訴が簡易裁判所にだされ住まいから退去する。身内の安全を考えて離婚し、血縁とは金銭面のことで疎遠になる。五十代の年齢で職は見当たらず、ネットカフェを家替りに、日雇い派遣生活を送る。(11) B氏は、生家の事業を継承し、新企画事業にも取り組み、設備導入を行うが、事業の陳腐化で経営悪化して倒産する。運転資金の銀行借入時に担保提供していた自宅は差し押さえられ自宅を失う。漸く契約社員の仕事に就くが、五十代の自分にはそれ以上は望めず、何より一家心中や自殺したわけでもない。運がよかったと思っている。(12) C氏は、家業を継いで社長に就いた。設備投資では銀行や消費者金融から融資を受け、懸命な資金のやり繰りで経営を続けるが倒産。消費者金融から昼に夜に電話がかかり、丸一日監禁されたこともある。倒産後、自宅は任意売却、貯金は没収、血縁との連絡も途絶えた。既に六十歳、雇用先はなく、家族と共の生活は夢となり、生き恥を晒す生活である。(13) 筆者の場合も筆者名義の資産は一切没収となった。両親が興した会社を潰し、大切な社員のその後に何ら力を貸せず、家族の生活基盤を毀損し、これらへの申し訳なさに苛まれた。また仕事に傾注した物心両面の喪失も語るに語れず、裁判所で倒産者札の席への着座、資格仕事とはいえ想定外の職務の日々、これらの無念も積もった。買い物でのローン購入を断られた時やすれ違った知り合いの避けるような蔑むような視線に気づいた時の気まずさ、人目を避けるようにする外出時での罪悪感等々、これまで体験したことのない日々の連続となった。

中小零細倒産の場合に、その倒産者に共通する問題点を二つ挙げる。一点目、金融機関が中小零細へ融資を行う際、法人の会社資産と併せ、通常その社の代表取締役社長を筆頭にその資産を担保する連帯保証人契約を取り交わす点である。資金力のない中小零細企業は、本来有限責任でありながらも保証人制度により責任が個人に覆いかぶさることになる。融資返済ができない場合、保証人の資産は没収となる。資産には現金や預金、社長名義の資産、例えば保険金、土地家屋、株券や各種会員権また車等を含む。会社倒産での融資金の返済は、通常、筆頭連帯保証人である社長の資産で行うが、倒産時までにその個人資産を暫時運転資金に投入してきたであろう当の社長は、会社倒産と同時に「個人破産」（＝財産の一切の消失）となる確率が非常に高い。保証額が社長で完済しない場合、契約内容次第で身内や血縁関係などへも破産が波及し、迷惑をより多くの人にかけていくことになる。二点目、当人のことがマネーに節操ない人物として埋没、或いはその烙印を押されてしまうであろうことである。塚本寛（伊那食品代取会長）は「利益は健康な体から出るウンチである」[14]と言う。塚本は、マネーに狂奔する経営者の多さに辟易してこう語った。利益は継続的な事業活動のために必須であるが、経営やその健全さは、ウンチの類の生理的現象（マネーの増減のこと）に問われるものではない。本音はそのままに、建前然を語る経営者の、倒産者を酒の肴にするかの浅薄な言動によって、当倒産者は程度のひくい経営者としてたたくに恰好なスケープゴートにされてしまうのである。

倒産となっても生活のほうは終えられる訳ではない。その後のための資金、住まい、仕事はなく、また倒産イメージが壁となって人とのお付き合いも消える。相談をしようにも倒産を取り巻く世人の心を熟知しているだけに相談できない、またしない。そこに輪をかけ、前記の「我」「我体」「我所」なる固着し固定化した自分像は、今や新たな現実にそぐわず、時間の経緯と共に次のようなこころの問題、働きを引き起こす。

1.1.3 倒産者のこころの苦しみとそこからの脱却

1.1.3.1 「喪失の悲嘆」

中小零細経営においては、自宅と職場が隣接あるいは同棟など、仕事と生活の境界がやや不明瞭なことが多い。日常生活と職業生活とが相互に溶け込んでいる。自ずと会社の随所に自身との深い繫がりができ、会社は我が子のように大切に育んできた存在となっている。そんな会社が倒産に至る時、当該事業の消滅にはじまり、社屋、そこに集った従業員、公私に渡る思い出、また事業を営んできた自負も自信も、そのすべてが消滅、喪失することになる。更なる自身の現実として、社長はその日から通う場所がない。仕事がない。目標も、働きがいも生きがいも、未来も過去も、なにもかもが消える。このときの感情を、本論では「喪失の悲嘆」と表現した。「喪失の悲嘆」は一般に、自分の大切な家族や友人を亡くしたとき（＝喪失）、当人がその人の喪失について思い煩いその喪失の悲しみに沈潜し、生活に支障をきたす問題を指す。当用語の使用は、筆者自身、設定した倒産日が近づくにつれ倦怠感が増し、昏睡状態のような日々を社長室のソファーに横になっていた時のこと、会社の死が近づくいま、まさにこの会社が死への昏睡状態にあるのだと実感したことによる。つまり中小零細事業主ならではの感覚かもしれないが、会社喪失とはいえ自身なり子供の死だったのだ。それを「喪失の悲嘆」の経験と正に同じだと感じたが故である。

1.1.3.2 「慚愧の念」

倒産要因には不況型と世間で言われるものがあるが、それは倒産原因を外部環境とみなすものである。他方、「倒産110番」として倒産者の相談を四十年に渡りボランティア活動してきた八起会会長の野口誠一は、倒産社長に見られる傾向として、「1. 自己中心、2. 悪いことはすべて他人のせいにする、3. 嫌いなこと、苦手なことを避ける、4. 真の勇気がない、5. 理解しても実行しない、6. お人よし、7. 還元の心なし、8. 反省心の欠如、9. 時間貧乏、10. 公私混同」を挙げる。[15] そして倒産原因は、かかる傾向をもった社長その人と断言する。そのような世間の声を知ってか知らずか、倒産後の社長の心境の吐露は厳しく自身に向かうものである。「私の優柔不断が多くの人に迷惑をかけ家族を悲しませることになった」[16]、「私はトップになってはいけない人間であったと思う。トップになっていなければ、たくさんの人に迷惑をかけずに済んだ」、「私は、業界の低迷に引き際を見誤った。経営者の器ではなかった」[17]、またその後の就職での心境は、かつての自負や自信は失せ真逆の自信喪失状態を呈し「派遣登録時の担当者から若い人を求めている。あなたには価値がないと言われた」、「風邪をこじらせて一週間休んだらクビ、パートの私の代わりはいつでも調達できる、とのこと」、「ファミレスの調理補助職に漸く就けたが、店長なる若造に『おたく（＝元フランス料理店舗経営した料理人）、口うるさいんだ』と説教された」[18]、さらに他者に対する心境は「自宅を手放さなければならない家内の無念と気落ちを思うと……」、「私は一文無しになっても泣いてもらった債権者を思うと……」[19]。以上に引用した言葉に窺えるのは、自責、自省、自信喪失と共に、なにより慚愧の念である。

１．１．３　再生への強い願い

倒産経験者は往々にして同じ失敗を繰り返すそうである。信用調査会社の帝国データバンクの二〇一五年「特別企画：民事再生法を申請した上場百十八社の追跡調査」によると、過去十五年で再上場できた会社はこの百十八社中の一社、また存続企業は39％である。この二件のデータは、倒産者のその後の再生がいかに厳しいかという現実を示している。それは再生に至る過程で、倒産の要因の発見と要因根絶が結局のところ果たせなかった結果と思われる。当データが示唆するところは、倒産者が本気で今後の経営を考え再生を願うなら、経営者として或いは人として、まるで別人であるかの転換、某かの様相の変化が必須ということではないだろうか。例えばたった一人の社員の入社が、会社の雰囲気、風土を一新することがある。それと同じことが経営者自身に求められている。今や経営者のＤＮＡ（＝自己複製子、同じものを作り続け得る分子鎖）ではダメなのである。別人物のＤＮＡが入り込んだかのような変容が必要で、かかる変容の様相を、以下「生まれ変わり」と表現したい。

倒産後、その当事者、倒産者は誰しも同じ過ちを繰り返さないよう、今後のことや自身のあるべき姿を模索する。一定数の倒産者は、失職後の当面の仕事に就きつつも本心で取り組める仕事を思い描き、やがて過去に取り組んだ仕事から離れることをよしとせず、再び同じ経営の道を歩むことも多々あるに違いない。それだけに一層のこと、かつての何が悪く何を正すのか、そこのところを賢明に見極める必要がある。ただ闇雲に努力するだけなら過ちは繰り返される。ひとり黙然しても埒あかず、市井に語られる文言を漁ってもどこか上滑りでこころに響かない。そこで思われることとして、所期の転換への本気の取り組みには、従来の個人的思索にとどまらず、新たなＤＮＡ取り込みを目して、先達の思想哲学なりを選択し、かつそれを脳裏に収めて生活なり経営を変容、そこには自身のこころを適切に整え正すべき弛まぬ努力が必要ということである。その結果漸くに、求める核心となる事象、即ち「生まれ変わり」が訪れる。

ここで、考えられる「生まれ変わり」の様相を定義する。それはずばり、前述の問い直されるべきとした〝経営者が抱きがちな自分像〟、即ち「我」「我体」「我所」なる自分像からの脱却に違いない。それがこころの苦しみからの脱却ともなる。この自分像は前記のような次第で現に深く馴染んでいる。これは難題であって、そのような難題の解決においては発想なり頭の思い切った切り替えが正解になる場合がある。例えば、工程改善案の手法での「手順をひっくり返してみたら」であり、またかつての天動説は、それで説明できない現象が表れる都度いろいろと理論が繕われたが、地動説によって問題は一挙に解決されたのであった。これらは従来の習慣的、伝統的、定石的な思考を一掃することが解決困難と思われる課題や過ちの解決に繋がっている。つまり解決策は、思考の全くの入れ替えにあった。ならばいかに思考を入れ替えるか。出口治明は「貞観政要」にある「正しく学ぶ」の具体策として自身の器を〝空っぽ〟にすることを挙げている。(20) この「〝空っぽ〟にする」は大いなる示唆である。

1.2　倒産者の「生まれ変わり」の手がかり

1.2.1　仏陀の仏教の選択

倒産者のこころの問題を考える場合、倒産記憶の生々しい時期にあっては、そこに例えば喪失の悲嘆に処されるグリーフケアの類が思い浮かぶ。かかるケアにイメージされる二人称的アプローチの一方で、健康なこころの持ち主は、日常的に自らがする自らのケア（＝セルフケア）を生活に組み入れている。その一例としてマインドフルネスがある。が、それを言わずとも娯楽も趣味もペットも有用である。当該する者にとって、その身であれ心であれ、これらが適正なケアとなるならば、それは癒しやよく生きる力をもたらすものとなる。

ケアとは、広井良典によると一般的には「配慮、気遣い」、「世話」、および「医療や福祉に特化した看護ケア、外来ケア、集中ケアでの用法」である。[21] またミルトン・メイヤロフはケアを「その人が成長すること」、「自己実現することをたすけること」[22] とし、ここに、癒しなり生きていく力の側面が如きが確かに語られはしている。ただ倒産経験者の筆者が率直に思うに、ここに表現される程度の概念を、その気で誰かが某かをケアとしてなしたとしても、それが倒産者の力添えなり癒しの機会になるとはとても思えない。しかし、両氏は奇しくも定義に至らぬものの、以下のように同じことを言っている。広井は「ケアという行為は、……、私とその人が、お互いにケアしながら、〈より深いなにものか〉にふれるとでもいうような経験を含んでいるのではないか」[23]、またメイヤロフは「ケアにおける同一性の感覚というのは差異の意識を含んでいる。他者と自分たちの間の差異の意識は、両者の間の一体感も含んでいる。そこには一緒に包んでくれている〈何ものか〉に、私たち双方が共に関わっている感覚がある」[24] と言う。坂井はこのメイヤロフの〈何ものか〉を仏教で語られる真理を用語として、「本来的なケアが誰かをケアしたいという要求に由来するものではなく、真理に基づいて行われなければならない」[25] と言う。この真理については、以降の考察のなかで次第に明らかにする。さてこれら両者の言葉がケア一般に語られている以上、倒産者ケアにもこのことが融通するはずである。倒産者は倒産に至る過程で、頑張るほどに「我所」「我」「我体」の意識を強めざるを得なかった。そこに反比例して減らしたものが真理云々を考える余地である。従って倒産者の「生まれ変わり」ケアにも真理が育まれるべきことの想定は、従来の習慣的、伝統的、定石的な思考を一掃し所期の全く別思考での取組みを考える方向性に合致する。そのようなことから、倒産者の「生まれ変わり」ケアの考察にあたり、真理を育むべき実践なり哲学を念頭にした取りつき、取組みを基本線に置くことを的確にして適正と考える。以上より、本論はその真理を語る仏教を問題解決の根幹に据え、また所依のものとし、以降の考察を進めていきたいと思う。

　さてその仏教であるが、大別して大乗仏教とテーラワーダ仏教（仏陀の仏教、以降仏陀の仏教と記す）がある。両者の異なりになによりその修業概念がある。大乗仏教は、徒が、誓いの波羅蜜業に努める者即ち菩薩に帰依することが強調される。その菩薩の止悪修善の力（真実の言葉の力）により解脱の大願成就を得られ、菩薩の無限の慈悲心による救済が考えられている。[26]ここで宗教の意味であるが「①神仏などを信じてやすらぎを得ようとする心のはたらき。また神仏の教え。②経験的・合理的に理解し制御できないような現象や存在に対し、積極的な意味と価値を与えようとする信念・行動・制度の体系」（大辞林）であって、かかる大乗仏教のあり方はこの宗教の意味①に当たるものである。他方の仏陀の仏教は戒定慧の三学のなかに瞑想鍛錬が説かれ、そもそも〝神仏〟を考えない。というより否定する。〝経験的・合理的に理解し制御できない現象や存在〟も考えない。仏陀の仏教は人生の諸問題の解決方法である。当時の権威やその祭祀儀礼から離れ、[27]真理を探究しそして理論を構築し、その真理と理論を背景にした具体的な実践法なのである。[28]

テーラワーダ仏教圏のパゴタでは祈る人々の姿を多く目にする。人々は何を祈っているのか?と素朴な疑問が湧く。パゴタ内の像はほぼ瞑想坐像である。しかも日本の仏像のような崇高さ、芸術性は失礼ながら微塵もない。坐像が顕しているのは、それが仏陀であるか否かは別にして、その姿のなかに得られた真理であり智慧、或いは法なのだ。これらはいただくものではなく、自身が瞑想体験の中に掴み取っていくものである。「自灯明、法灯明」がそれを諭している。従って祈る対象は瞑想に励む自身の頑張り、他ならぬ自身なのである。

日本に渡来した仏教は当初を除き専ら中国で受容されたいわば中国仏教であり、それは大乗仏教の範疇のものである。それが日本では〝仏教〟のすべてであった。片や仏陀の仏教はと言えば、明治後半、近代に生まれた西欧の仏教学研究に接して漸く知り得た。がその後、神仏分離令や廃仏毀釈、大乗非仏説論への対応、やがて第二次世界大戦と戦後の混乱があり、また考古学、歴史学、宗教学に翻弄され、さらに発見されたサンスクリット仏典やチベット語の大乗の経や論の研究ブームなどがあり、結果的にその研究は進まなかった。[29] そして例えば瞑想に関しても、禅宗の座禅や真言宗の阿字観瞑想などの大乗仏教の瞑想は久しく知られてきたが、仏陀の仏教の瞑想は、平均的日本人が知り得る機会は廻らなかったのである。そのようななか、仏陀の瞑想の機会を提供する日本ヴィパッサナー協会の設立が一九八一年、日本テーラワーダ仏教協会の設立が一九九四年、また一例として地橋秀雄氏の一般文化施設での瞑想指導の取組みが一九九五年になされるなど、昨今漸く広く知られるに至った。本論が後に取り上げる瞑想は、かかる瞑想、即ち仏陀の仏教で語られる瞑想である。

1.2.2　本論が取り扱う仏教の経緯、及び本論の視点

仏陀の仏教にはアーガマ、アビダルマなる文献の内容がまず該当する。また中観と唯識で語られる真理の言説は瞑想あってのものであり、その言説は畢竟「我所」「我」「我体」からの脱却である。ここに瞑想で一貫する点を見、大乗仏教の礎とはされるが、本論では、中観、唯識も取り扱い範囲に含めて考察する。以下、本論が関連する事項を中心にその概要を記してみたい。

仏陀の言行録は仏滅後まもなくまとめられ（＝第一結集）、それが次第に増大、再編集されてニカーヤなる経典群となった。[30] ニカーヤはパーリ語の原始経典であり、その漢訳が「阿含経」である。[31] これらは仏陀の原初的な姿を知り得る最も貴重な資料である。[32] アーガマに記される一つに五蘊（色受想行識の五つの各蘊）があり、その逐一においてそれが自身ではないこと（＝五蘊非我）が説かれる。それは「我所」「我」「我体」からの脱却を目するものである。瞑想実践において、かかるアーガマの記載内容は、瞑想で体得する真理を脳裏に強く刻み込む援けとなる。そのアーガマから論理の抽出を行い体系化されたものがアビダルマ―abhidharma

（＝論）である。アビダルマは学派ごとに多数存在したが、現存するアビダルマ論書は、説一切有部という学派のサンスクリット語の論書とテーラワーダ派のパーリ語の論書、及び漢訳のもののみである。[33] 漢訳に『阿毘達磨倶舎論』（＝以降『倶舎論』）があり、南方上座部（テーラワーダ）に『アビダンマッタサンガハ』がある。アビダルマは、実在するのはダルマであるとして、経験世界の中にあるすべての存在、事物、現象は、そのダルマの複雑な因果関係の離合集散による流動的な構成物と見て、そこに現象的存在は実在しないこと、つまり無我を論説している。[34] それは「我有」「我」「我体」からの脱却の言説でもある。

さて、このアビダルマ編纂に尽力した僧の一方で、実践即ち瞑想によってのみ仏教の真意がとらえ得るとする僧もいて、そこから各種の般若経典や『中論』が編纂された。[35] そこではダルマが実在するとしたアビダルマを攻撃するかに空の観念（空観）が語られる。空とはアビダルマとは異なる意味で示される縁起である。[36] アビダルマの十二因縁で語られる縁起は、事象において因果を経る時間的生起の関係を見る。対して空観は、刹那毎に諸法の相依性（相互依存）を見る。相依性また相互によって成立する類のものは無自性であり無我であり、それが空である。かかる相依性（相互依存）で現象を見る時、一切はひとつであり、またひとつは一切として映る。[37] かかるひとつを体得することについては、後に記してみたい。尚、当論、以降に縁起と記す場合、それはこの相依性の意味として使用している。

唯識は「瑜伽行派」の人々のなかから表れ出でた。仏教のヨーガを理論化したものであり紛れない瞑想の実践哲学である。インド哲学の先駆けであるヤージュニャヴァルキアは、自己は認識主体であって認識対象になり得ない、つまり自己は認識され得ず、また知り得ないと言う。(38)が、「存在する識を手段として真理に到達する以外に方法はない」(39)のであって、某か知ろうとするとき、何かを立てねばならない。唯識の考え方ではそれを識とした。この識に本体性を持たせた点で、唯識は本質的に有我論となる。但しその我を虚妄のものとしている。その辺りに詳しいのがマイトレーヤ『中辺分別経』である。ここでは、日常的な意識のあり方はこの虚妄の分別であって、その虚妄分別は各人ごとの経験や知識を背景に仮構して働く。その働きに仮構されたものが「所取」と「能取」である。「所取」とは掴まえられるもの、知られるものであり、「能取」は掴まえるもの、知ることである。「所取」である対境（六境）と有情（五根）、および「能取」の自我（意根）と表識（六識）は虚妄分別によってそれぞれがあるかの如く現れるのである。そして、この虚妄分別だけがあるのであって、それ故〝唯〟〝識〟ということになるのである。(40)ここでの虚妄分別は衆生の意識の常であるが、それがあるものではないことを出発点にしており、その意味で自己変革なり自己否定の思想と言える。(41)ヴァスバンドゥの『唯識三十頌』にある八識説と三性説もそのような思想を形作っている。八識説の識には異熟、思量、了別境の二群があり、そこでの「識の転変」を明らかにした。(42)この順に阿頼耶識、末那識、及び六識（眼・耳・鼻・舌・身の五感の識と意識）である（以上で八識）。ここで初めて阿頼耶識と末那識という潜在意識が発見された。三性説の三性に遍計所執、依他起と円成実を挙げる。遍計所執とは、私たちの日常生活のもの、それは、遍くすべてのものを思いはかりそこに実体性があると思いこだわってしまう普段のものの見方である。(43)「我有」「我」「我体」がまさにそれである。それでも一応、他との関わり、そして縁のなかに生きていること、即ち依他起を頭では思うのである。改めて依他起とは、この他との関わりのこと、また縁のことである。(44)円成実とは、全部が一であるという世界をまどかに完成した真実の性質のことである。私たちは、目にするものを言葉で表現し、名前をつけた途端、逐一を分別していくのであるが、円成実とは、この名前がつく以前、真相のことである。(45)そしてこの三性のもと、円成実を知って初めて依他起、つまり縁起の世界を知り得ると言う。そこには、〔遍計所執から依他起を見る見方〕から〔円成実から依他起を見る見方〕への転換が諭されている。(46)それを瞑想が促す。そしてその時、五感が成所作智に、意識が妙観察智に、末那識が平等性智に、阿頼耶識が大円鏡智に転換する。(47)この転換は、正にものの見方をひっくり返す道筋であり、自己変革なり自己否定の道筋と言える。そのような意味で、唯識もまた、「我所」「我」「我体」を脱却すべき当論の所期の課題解決に沿う援けである。

《表 1.2.3 倒産者におけるトランジション・プロセス》

【破線括弧内・引用】ブリッジス『トランジション』p. 119〜199

第一段階	何かが終わる	[対象]からの離脱 [アイデンティティ]の喪失 [現実]への覚醒 [方向感覚]の喪失
		〜空虚で無為な時間の訪れ〜
第二段階	ニュートラル・ゾーン	{この機会に、本当にしたいことを見出す}、{もし今死んだら、心残りは何かを考える} {一人になれる特定の時間と場所を確保}、{数日間、自分なりの通過儀礼を体験する} {この時の体験記録を残す}、{回想をし、それを文章化して見直してみる}
		〜内的(＝こころ) 再方向付けの時間の訪れ〜
第三段階	何かが始まる	[内的直感(徴候)]の表れ 内なる再結合・自分自身になる 離脱からの帰還
		〜印象に残らぬあいまいな始まり〜

1.2.3 「生まれ変わり」各相での取組み

「生まれ変わり」がなるとするなら、それは人生の転機である。ブリッジスは転機の様相というものをそこにある特徴によって三段階に分けている（《表1.2.3》）[48]。以下、その内容に沿って考察してみたい。

倒産者の場合、第一段階の「何かが終わる」は、なにより倒産の事実とその法的処理（1.1.2冒頭の事項）がなされる時期である。これまでの生活が激変、逃げ場なく神経に触る日々にことに当たらなければならず、こころは傷心し、なにかと敏感に響く。第二段階は「ニュートラル・ゾーン」と呼ばれ、その法的処理が一段落、そこから解放される時期である。これまでこころを占めていたものが消え、ぽっかり穴が空いたようになる。先に記す〝空っぽ〟である。そんな場での時間は空虚で無為、また外目には曖昧に映りがちではあるが、今後の方向づけがなされる重要な時期とされる。第三段階の「何かが始まる」は、そのこころにぽっかりと空いた穴に何かが埋め込まれ、その何かが一定の方向付けへ決心させ、そして踏み出しを起こす。

転機の三段階の特徴（前表破線内）を見ると、特に第二、第三段階には自分を見つめ、或いは観察する様子がそこはかとなく窺える。「生まれ変わり」と言う以上、それ以前と異なる様相への転換であるはずで、そのためにも、以前を知ってそこから出発する必要がある。かかる思いが観察する目線をもたらす。いずれにせよ私というものが、単に一人称で考えられてそこに終わるのではない。石川勇一は、こころの問題を取り扱うことにおいて、かつての自身の姿や体験を他人事のように三人称的に観察するアプローチの仕方、一人称の三人称的観察と表現するアプローチの有用性を強調し、それを一人称的体験科学と呼んだ(49)。ここで課題は、自身が、その自身をいかに三人称的観察で眺め得るようになれるか、またそこからの有用性をいかに引き出すかである。以下、その具体策を各段階に探る。

《転機（トランジション）の３段階》と《○人称的アプローチ》との関係

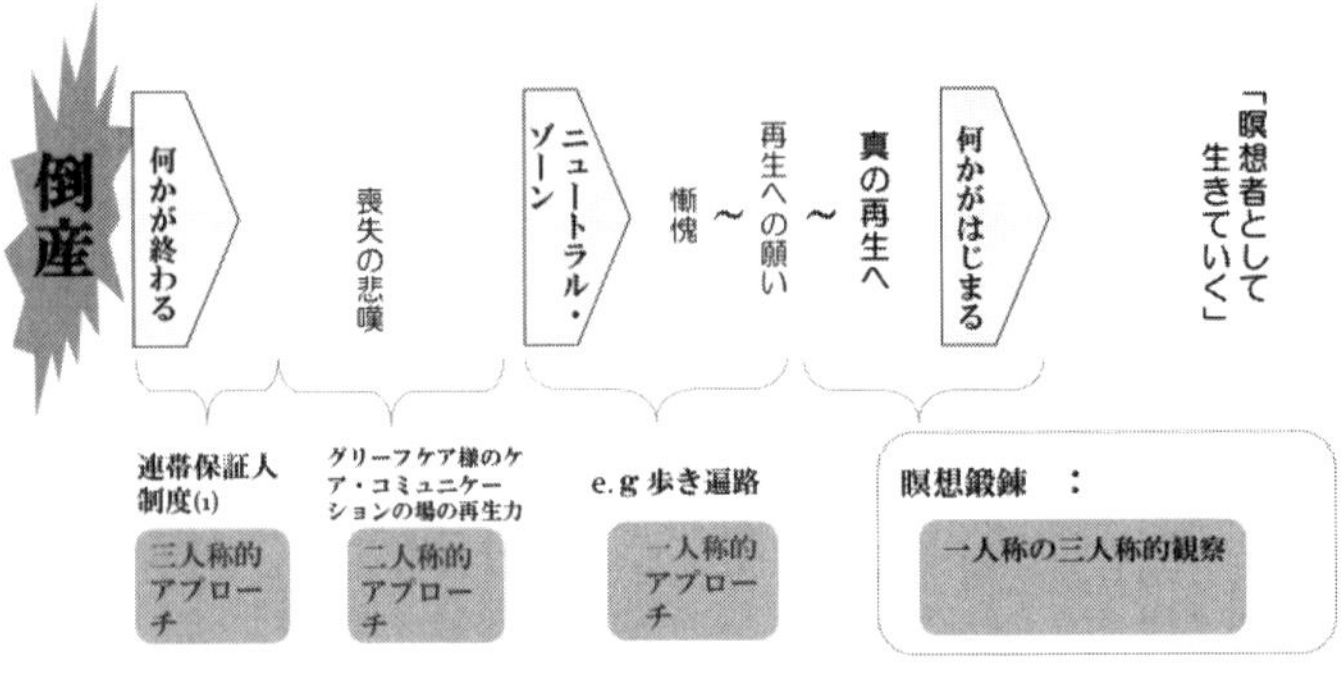

《表 1.2.3.1　倒産と喪失の悲嘆の類似性》

サンダース 悲しみのプロセス	①ショック	**②喪失の認識** 怒り・不安・罪悪感・死への恐怖	**③引きこもり** 疲労・無力感・絶望	④癒し⑤再生
キューブラー・ロス 死とその過程	①否認と孤立	②怒り・抗議、③取り引き(交渉)	④抑うつ	⑤死の受容
野口誠一 倒産後の症状	①放心状態	②虚脱状態	③孤独状態	—

1.2.3.1　何かが終わる段階：コミュニケーションとその場の生成力

この段階は、表中「アイデンティティの喪失」「方向感覚の喪失」[50]とあるように、倒産者のこころは「喪失の悲嘆」で一杯である。この時期に執り行われる連帯保証人制度共々の外部からの法的処置は、ある意味、当人に三人称的アプローチで転機を迫っている。しかし倒産者はそのような形での転機を容易には受け付けない。また当人はそこで一人称的アプローチを発揮するような余裕はない。そのようなか、この段階に考えられるケアには他者に頼る二人称的アプローチがあり、例えばグリーフケアの類が挙げられる。

前記のように倒産者の介抱はほぼ省みられない。倒産による諸々の喪失なり、その悲しみや苦しみが輪を掛けてその一身を襲うにも関わらずひとり捨て置かれる。そんな倒産後の社長に、野口によれば放心、虚脱、孤独の三状態が順に現れるのである。[51]他方、死を受容するこころの過程を、サンダースはショックから再生に至る五段階[52]に、またキューブラー・ロスは否認と孤立から死の受容に至る五段階[53]に示している（《表1．2．3．1》参照）。

これらの段階に右記の野口が言う三状態が相応に割り振れ、死の受容のこころの推移との類似性が予想できる。但し野口においては癒しや再生、また死の受容に該当する各段階のこと、あるいはそこに至るべき行程は語られていない。

大切な人を失い悲しむ人へのケアの心得は、「相手の求めに応じて側にいること、辛抱強く先入観を持たずによく話を聴くこと、ありがたくもない無意味な助言をしないこと」[54]とされる。このようなケア者の情緒的支持や実際的援助が、当人の自己アイデンティティの再構築を進める。倒産者の場合、それが同類の問題であるにもかかわらずタブーのようにその解決の道筋は触れられず、また情緒的支持や実際的援助もなされない。そこで、中小零細の倒産における社長のこころと人の死におけるこころの推移の類似性から、倒産者のこころの苦しみの解決をこのグリーフケアの水平展開において考えてみたい。

グリーフケアでは傾聴が関与者の心得とされるが、以下の小此木啓吾が語る取組みは、聞き手と語り手の双方向の傾聴が特徴的である。それは、対象喪失後の「喪の仕事」、即ち悲しんだ末に悲しみを離れる一連の過程に、誰かに頼るなかで行われる「転移の中の喪の仕事」、及びそれと共に、他の人を助け導く形に行われる「投影同一視による喪の仕事」の併用である。[55]

このことから倒産での喪失の悲嘆からの脱却策においても、倒産者自らが誰かにことの推移を語ること、また自分以外の倒産者の物語を傾聴すること、そのコミュニケーションの有効性が十分想像できる。及び倒産者においては、倒産者の世間からほぼ関心を払われない現実に、コミュニケーションの場自体の有効性も挙げられるだろう。

上田は、コミュニケーションやその場が人の内的成長を支える最重要要件[56]であるが、現代社会ではそれがなおざりにされていると言う。上田は、このコミュニケーションの有効性をスリランカの田舎で行われている悪魔祓いの儀式を通して説明している。呪術師は患者を孤独な人という。その孤独の病みは患者とその周りを取り巻く環境との関係が原因であると言う[57]。悪魔祓いの儀式が村人総出で執り行われるなか、悪魔のイメージ、及び村人総出で醸成されるつながり感覚によって、患者は再び共同体或いは社会関係の網の中に舞い戻る。「つながりの中の自分」というアイデンティティ[58]が芽生えるのである。そして人間関係の向こう側には見えない世界があり、その世界、コスモロジーが人間関係を支えているのだと言う[59]。また「つながりの中の自分を実感したからこそ体の免疫力が活性化し生きる意欲が湧きおこり、大病を克服できた」[60]と言う。このコスモロジーは本論で言う無常・無我に感得される世界である。自身がそんなコスモロジーにいることの気づきが〝大病〟を克服させ、そして共同体或いは社会関係の網の中に舞い戻らせた。つまり「生まれ変わり」を果たさせたのである。

坂井においても、かかるコミュニケーションの場自体の有効性を詳しく述べている。ケアが個人と個人とのやり取りの限りにおいて人間の能力なりその可能性に頼るだけに、そこにはヒューマニズムの限界があると言う。[61]が、コミュニケーションの場自体が超越の土壌になる時、その限界が打破できると言う。それを法界縁起の理論を用い説明している。法界縁起は関係が存在に先立つという思考様式[62]である。坂井は所期のケアが、関係を次のように変遷させるという。聞き手と語り手がそれぞれ「ケアしている」、「ケアされている」とした場合、「この人をケアしている」「この人からケアされている」の関係からやがてケアする側とケアされる側が一体化し、ケアの関係性のみが突出、「私は、この人（＝語り手）をケアすることによってケアされている」「私とこの人（＝聞き手）を包む何かによってケアされている」状態となる。そこでは、ケアは単なる関係から関係性による生成力が主体となってくる。さらにケアしている人とケアされている人が、それぞれの多様な要素なり背景のすべてを絡み合わせ多重世界をつくりだし、そこに多重世界はケアしている人とケアされている人との双方の人格的な変容や成長を起こす。ここに超越がなる。[63]超越は「生まれ変わり」と解せる。適宜に設定された場に、かかる変遷がおこる場合に、所期の本格的な変容や成長が起こせるのである。例として中小企業家同友会での「月次例会」を挙げることができる。それは現役経営者の会合である。当例会では最初に報告者（＝経営者）が語り手となって自身の経営課題とその取り組み等を報告、参加者全員が聞き手となる。報告者が言わば先の例で言うケアされる側であり、参加者はケアする側である。そして、報告者と聞き手の関係はバズとよぶ意見交換の機会を通し次第に融和し、先のケアされる人とケアする人の関係に似た変遷がおこる。このような例は他にも「○○被害者の会」などの各種会合が挙げられる。

以上、喪失の悲嘆へのグリーフケア、孤独な人を癒すべき悪魔祓いの儀式、そして語り聞きする会合の例を挙げ、この段階特有の二人称的アプローチを見た。これらにある要素、それはコミュニケーションの場自体の生成力の有用性であり、それに着目した活動が倒産者に対して適正に企画・実施されるなら、それは倒産者の負ったこころの傷へのケアとなり得る。但し、現実を眺めると倒産者の集まりとしてごく最近まで「八起会」（前述）が知られていたが二〇一七年に終了、現状他に見受けられない。また悪魔祓いの儀式は現代日本社会では奇天烈に過ぎその標準化は想像できない。ならば、なによりこれらは当人の一人称的アプローチの枯渇した状態で執り行われるものであって、ここは思い切って真の「生まれ変わり」への取組みはこの第一段階をともかくも日にち薬で通り抜け、一人称的アプローチの湧き立つ次の一歩こそ踏み出すべきものと考え、かかる次へと目を向けたい。それがニュートラル・ゾーン段階である。

１.２.３.２　ニュートラル・ゾーン段階：慚愧からの道の模索、その限界と転換

〈表１.２.３〉に「この機会に本当にしたいことを見出す」(64)、また「一人になれる特定の時間

や場所を確保する」[65]とあるように、自身の主体的な活動がここに始まり、そこには自身の内省なり行動が芽吹いてくる。その意味で一人称的アプローチなりセルフケアに取り組める段階が始まっている。歩き遍路はそのような境遇で取り組まれる一例である。筆者の歩き遍路でもこのような傾向が見られた。四国の山中、落ち葉を踏み分け歩くうち、その自分の姿がふっと、あたかも他者の視線からのもののように脳裏に浮かび、そこでは歩く自分が妙に愛おしく、また遍路できることの有難さをこの身にしみじみ感じ取った。さらには遍路する筆者を気遣う家族、仕事上の仲間、友人、そんなすべての人への感謝の気持ち、さらにまた目にする木々や踏みしめる道に、空気にさえ有難さを抱いた。さらに暫くして、筆者の視線に現れたのは驚いたことになんと既に亡くなった学生時代の友人三人だったのである。彼らが並び微笑み筆者を見ていた。が、やや

四国遍路道…遍路道は、古来より山岳地域の難路悪路を歩行することで功徳が得られるとして歩かれた修験修行の道を起源としている。四国にはそのような難路悪路が石鎚山などそこかしこにあり、さらに室戸岬のような海岸地帯の難路悪路を含め、かかる辺地（へじ）なり辺路が多く点在していた。それ等が次第に繋がって、現在見るような巡る道となった。

あって、筆者は「俺は生きるよ！」と内語で言い放った。その瞬間、筆者は遍路の意図は達成できたと感じた。筆者にとってその一人称的アプローチの取組みが、一人称的アプローチの三人称的観察をもたらした。ここでは転機に表れるべき「幻想や自己イメージが崩壊する時には思いもよらない意識状態を体験する」(66)こと、また、（表中）〝内なる声を聞く〟や〝感受性を培う〟ことが体験されている。かかる体験にある時間は自己観察を経た「内的（＝こころ）再方向付けの時間」(67)である。それは見失った自己を取り戻し、再起への強い願いを一層高める。

但し、歩き遍路は取り組めるなら取り組めばいいが、すべての人が一様にできるわけではない。そこで一方法としてこれを置き、次には倒産者ならではの慚愧を手掛かりにこころの働かせ方において某かのアプローチを考えてみたい。慚愧の慚は「自らを観察することによって自らの過失を恥じること」、愧は「自らの罪に対する畏怖、あるいは他者を観察することによって自らの過失を恥じること」(68)とされ、いずれも自己観察のもの、一人称の三人称的アプローチのものである。慚愧は罪悪感と表裏一体でもあり、石川は、その罪悪感を、破壊的な結果を呼び寄せるもの、及び建設的な影響をもたらすものに分け(69)、後者を精神的罪悪感として、それは「自己の本性にふさわしくない不適切な状態に甘んじていることに対して覚えた」(70)罪悪感であり、それ故に「再び自己実現への道へ立ち戻り自己へと向かうための契機、原動力ともなる」(71)とする。このことから慚愧のこころの働きは「生まれ変わり」へのエネルギーに成り得る。事実、アビダルマ論書においては慚愧はよい働きとされ、他方の無慚と無愧は不善の心に挙げられている。[72] 因みに、仏教で〃よい〃とは涅槃に近づくこと、不善は涅槃から遠ざかることである。この慚愧からのアプローチの可能性を、『倶舎論』の心所の記述に照らして模索してみたい。

倒産者は、慚愧に見舞われるようになって漸く、これまでの自身のあり様の無慚無愧やそこに附随する幾多のこころの働きにも気づくのである。『倶舎論』には慚と愧が、善心の「信及不放逸　軽安捨慚愧　二根及不害　勤唯遍善心」[73] として列記されている。この全十種は必ずワンセットで起こる。[74] 対する不善心は「唯遍不善心　無慚及無愧」[75] と二つきりで挙がる。但し、この無慚無愧には唯染と呼ぶ「癡逸怠不信　惛掉恒唯染」[76] の六種が必ず伴い、しかもワンセットで起こり、[77] さらには小煩悩地法の「忿覆慳嫉悩　害恨諂誑憍」[78] が諸場面に応じて単発的に附随して起こるという。この各意味は順に、怒り、恨み、心の邪曲、妬み、他の諫めをいれぬ頑迷さ、自己の過ちの隠蔽、ものおしみ、欺瞞、自己満足、害意である。[79] ここに筆者の疑問は、「1．1．3．2」に記した倒産者の言葉に表れていなかったこともあり思うのであるが、倒産者は果たして慚愧以外の八つの働きを慚愧ほどに感じていたのだろうか？ということである。慚愧以外の語句は一般的ではなく、また不善の側の無慚無愧は置くとしても唯染や小煩悩地法などにある心所の多くは一般的語句とは言えない。言葉で知られていない概念を、こころの働きとして認識できるはずがない。逆にかかる概念の語句を知り、逐一のこころの働きをその語句に当てはめ、よいこと（＝善）、よくないこと（＝不善）を判断する生活習慣が考えられないわけでもない。よいと念ぜられたことをして、よくないと念ぜられたことはしない。そのことで放逸から不放逸へ、懈怠から勤へ、不信から信へ、惛（＝惛沈）から軽安へ、さらに小煩悩地法の害は不害へと、その反転を期す。が、実際そのような習慣が生活の逐一の場面で発揮できるものだろうか。しかもここには二つの問題がある。一つはかかるこころの働きを追いかけること自体、追いかける人のこころにかかる意識が継続し、そこに本来離れたかった「我所」「我」「我体」を改めて形成していくことの可能性、そしてもう一つは、興り続くべきこころの働きがとりとめなく、かかるこころの働きを逐一追いかける試みがどこかモグラたたきに終わる可能性である。従ってかかる習慣は所期の願いから離れる問題を孕みつつ、かつまた徒労に終わるだけと考えられる。

このあたり、仏陀が、瞑想の意義を転換させた経緯を思わせる。仏陀はアーラーラ・カーラーマやウッダカ・ラーマプッタ流の瞑想に見切りをつけたが、それはその瞑想の効用というものが一時的なものに過ぎず、やがて興りくる感情や思考、また欲望を滅することまではできない、と判断したからである。そこから仏陀は潜在する根本的な生存欲を発見し、感情、思考、欲望を滅すべくする瞑想のありかたを新たに見定めたのであった。そこでは一人称的アプローチが一人称の三人称的観察（１．２．３節参照）のアプローチに変化している。それはこころの働きの現象を抑え封じ込めることに精魂を傾けるのではなく、ただ現れるままに観察を続けるところに新機軸がある。これが仏陀の考えた新たな瞑想技法なのである。そこでは観察した現象を内語し（＝頭の中で喋る）、このことをラベリングと言うが、このラベリングすることでその現象が止まり、またこの止まることを繰り返しするなか、次第にこの現象自体が起こらなくなってくる。例えて言えば、現象を脳裏に映し出す映写機機能を、ラベリングによって電流を遮断し、投影をさせなくするということである。映し出されるはずの現象は、電流が滞りフェードアウトする。ここでの映写機機能が問題の所在である。この例えで続ければ、仏陀は、この映写機機能を根本的な生存欲として、それを渇愛、癡、無明とし、この癡が欲望である貪と瞋を引き起こし(80)こころに様々な現象を映し出すのだと説く。これらを総じて煩悩と言う。唯識ではその煩悩を〔根本的なもの〕と〔附随的・現象的なもの〕で考え、この渇愛、癡、無明が〔根本的なもの〕、貪と瞋は煩悩の〔附随的・現象的なもの〕の総合表現であり、その現象が不善心、唯染、小煩悩地法にある各種こころの働きである。また唯識で意識という時、それはアビダルマ以来の六識（眼耳鼻舌身意）に末那識と阿頼耶識を加えた八種類を指す。阿頼耶識とは、こころの奥に存在するようになった我々の記憶・性格・偏見などの意識であり、それは経験のたびごとに蓄積され、習慣のようにしてわれわれの認識判断や行為に影響力を及ぼす。末那識は、自我意識の中心をなし、我慢・我愛・我癡・我見などの煩悩心所を本来的に所有し、我執を脱して悟りを開くまでは恒審思量して存続する。(81) 阿頼耶識は種子に例えられ、その種子が転じて他の七識となることからこの七識を転識というが、この種子に形容される阿頼耶識が〔根本的な〕煩悩であり、阿頼耶識からの転識の一つ末那識が〔附随的・現象的な〕煩悩である。阿頼耶識が電源で末那識が電流とも言えよう。唯識派の瞑想者は瞑想鍛錬の際、先のラベリング技法を通して一人称の三人称的アプローチ的観察を行い末那識のこころの働きが出るごと逐一それにラベリングし、次第にこころの働きが起こらなくなること、あたかも電流が流れなくなり電源が変化するかのこと、即ち阿頼耶識の変容を体感していたのである。倒産者が求めているのは表面的な変化ではなく根っからの変化であった。或いはそれは、頭を〝空っぽ〟にすることともなる。その意味で末那識及びその根本に位置する阿頼耶識を変化させていくべき瞑想鍛錬は倒産者の意によく叶う。以上より瞑想鍛錬は「生まれ変わり」実現の手立てとして至極的確な手順と判断できる。そしてここに一つの結論が導き出せる。それは「生まれ変わり」は、仏陀の仏教が長らく保有してきたノウハウ、即ち瞑想鍛錬によって可能、ということである。

1.2.3.3　何かが始まる段階：「瞑想者として生きていく」手立て

以上から、頭を〝空っぽ〟にすることに喩うべき一人称の三人称的アプローチ、またセルフケアの賢明な取り組みは阿頼耶識を変えること即ち瞑想鍛錬に励むことにあり、そこに「瞑想者として生きていく」という道が得られた。当段階の取りつきは前段階とは明確な区別がつけにくく、或いは前段階との間で紙一重程度の範囲での一進一退状態かもしれない。それは、表中「印象に残らぬ曖昧な始まり」(82)とされ（実際、行動は始まったばかり）、ベクトルの方向が変わったとは言え根元はいまだ同じ域にあり、かつ表中「内的直感（徴候）の表れ」(83)も端緒に過ぎず、「新旧のアイデンティティ要素の結合」(84)は逆にいまだ新たなアイデンティティの確立が成っていないことを表している。それだけに「瞑想者として生きていく」の継続は、特に取り組み時が重要である。その際に持つべき知識の幾つかを以下に記したい。

一つは八正道がスパイラルアップするものであることの理解である。石川は瞑想実践とその継続に当たり「四諦八正道に対する明晰な理解とそれに基づいた正しい動機」、及び「法（dhamma）の理解」が必要と言う。(85)よく知られる茶道は、真実の自己となること、および真実の自己として生きるという教説を携えたうえでの点前（鍛錬）であり、その点前のようにして日常の一挙取一投足を油断せず務めるべきとされる。(86)もしこの教説がなければ点前はただの茶飲みに終わり、鍛錬としての継続は難しいものになるのではないだろうか。同じように、瞑想をただ坐って目を閉じるだけのものに終わらせないためにも、八正道の実践哲学の理解が必要なのであって、それは八正道がスパイラルアップの仕組みを持ち、その継続によって有効性

［行く手が示されることの有用性］ 遍路では見ず知らずの土地ながら、次の札所の番号を知り、地図なり道標を援けとすれば、その番号を積み上げていく気持ちが着実に歩を前に進める。修行の階位も、或いは経営の理念や各種方針も同等である。… 持った地図が別地域のものでありながら、その地図のあることが士気を維持することとなり、結果、雪山遭難を免れたスイスでの軍事演習の例もある(105)

［引用地図］：四国ツーリズム創造機構「四国遍路へでかけよう！」リーフレット

が一層積みあがることの理解である（第2章で詳説）。瞑想修行ではそこに階位が考えられ、まさに階位がこの積み上がりを示している。それと共に階位の認識は自分を知る手立てともなる。筆者がかつて歩き遍路をしたおり、例えば二十番札所までお参りを済ませた時には、気持ちは既に二十一番札所に向かっており、手にした地図と共にそんな気持ちが最終八十八番まで持続した。始まりの一週間ほどの行程は徹底して事前に計画したが、その後はその都度のことでありながら、全体を見通すことが励みに繋がり、そして遍路は完遂できた。同じように瞑想の道程においても、取り組み時の詳細な手順、及びおおよその自身の階位が知られるならば、それらが相まって瞑想の励みとなる。そのような道程は幾つかあるが、その一つに『倶舎論』「賢聖品」にある、身器清浄、三賢（五停心、別相念住、総相念住）、四善根の順がある。三賢にある五停心とは不浄観などの五つの観法、別相念住は身受心法を観ずること（＝四念処・後説）、総相念住は身受心法を一つにみてそこに無常、苦、無我を観ずることである。(87) その凡夫も、修行の継続に伴って積みあがるものがあり、やがて聖人に至る。聖人においては真理を見る見道、長期にわたる実践の繰り返しの修道、そしてもはや学ぶべきものがない無学の各段階へと続く。これら段階には預流、一来、不還、阿羅漢、かつその向と果の段階が配されている（四向四果の八輩＝四双八輩）。(88) これらを励みの一助とするのである。

次には瞑想による脳組織の変化を科学的に理解しておくことを挙げたい。その知見は機能的磁気共鳴画像法（以降 f-MRI）という脳検査方法で得られるものとなった。当技術は一九九二年に生まれ、その技術的な問題の解決による実際の研究応用は一九九八年である。(89) f-MRI により頭を解剖せずともその内部を画像で示すことができ、脳の様子を簡便に確認できるようになった。脳内の血中酸素の増減の探知により、脳内の各部位の抑制や亢進、また脳内の各部位の肥大や縮小の様子すらも確認できる。(90) 瞑想による脳組織の変化はこころの働き、例えばそれはものの見方、人格、人間観、世界観、信念の変化として表れる。かつては宗教的啓示に語られた変化もここに含まれるだろう。そして瞑想による脳組織の変化の様子は脳科学によって次のように説明できる。瞑想鍛錬に集中すると前頭葉での血流の増加が確認できる（f-MRI の知見）。それは前頭葉の活性の高まりとして理解できる。鍛錬ごとのその高まりも同様に確認できる。大脳皮質の頭頂葉系のプレクネウス部位の活性の高まりも確認できるが、この部位は脳内で最大量の神経線維が集まる情報の集積場所であり、観察力の部位、また客観視することの部位とも言え、従って当部位の高まりで「気づき」の感度を高めるであろうことが推測できる。科学思想に慣れ親しんだ私たちにとって、瞑想がする脳組織の変化を以上のような科学的説明でもってなされることは、なにより瞑想鍛錬に納得して取り組める。大いにモチュベーションを高めるものとなる。

最後にヨンゲイ・ミンゲール・リンポチェの言葉を添えたい。それは気負わず取り組むべきことの言葉である。瞑想は、「毘盧遮那の七つのポイントの姿勢」（＝足を組み、両手のひらを上向きに、背筋をまっすぐに、……）が基本ではあるが、それにこだわらず、ただ背筋を伸ばしリラックスできればよく、そのことでいつでもどこでも取り組める。最初から大それた目標時間を設定せず、短い時間で回数を重ねていくことを目標にする。瞑想の上手下手や効率を気にせず、いま起こっていることに気づければそれでよい。かかる略式の修業も瞑想、また瞑想を思い立つだけでも瞑想[10]、要は肩ひじ張らぬことの諭しである。

1.2.4　輪廻と中有との関係から考える、「生まれ変わり」概念の明確化

これまで見てきたニュートラル・ゾーンと転機との関係に、仏教で語られる中有と輪廻との

相関が見受けられる。仏教では臨終時に身体機能が失われても、この世の経験をしたこころは流転し、次の世を行くべき者として、いずれかの母胎に宿った時点に輪廻転生がなると説く。この臨終から母胎に宿るまでの中間の生存形態が中有である。(92)ここで考えられるように、中有と輪廻はそもそも別個の個体間（世代間）のものであるが、以下に示す定義での新たな概念を考える時、それは同一個体において繰り返し起こし得る。それは「生まれ変わり」を可塑性ある脳組織が閾値を越える都度のものとする考え方である。その時、誰しもに「生まれ変わり」の機会が巡るものとなる。因みに、脳組織の変化を起こさせる標準的鍛錬が瞑想であることは既に示したとおりである。

『倶舎論』では「死生二有中　五蘊名中有　未至応至処　故中有非生」「此一業引故　如當本有形本有謂死前　居生刹那後」(93)とあり、有情の生存は死有、中有、生有、本有を繰り返すとされる。それが輪廻である。『アビダンマッタサンガハ』では「それ（死心）が滅し終わると、その直後にのみ、……。」(94)として中有はない。両者は中有の有る無しで見解が分かれている。後者の見解の根拠としてスマナサーラは、こころは隙間なく生滅変化し続けるものであるから中有はないとする。(95)が、現代に生きる私たちにすればそれら解釈に右往左往してしまう。但し、それも遺伝子論に依れば両者の見解双方とも一応の理解が可能である。それは生物の単位を個体でも集団でもなく、遺伝子(96)とみなす視点によってである。地球中のすべての生命体を、遺伝子が自らの維持のために作ったビークル（＝乗物）とすれば、生命体は、自己遺伝子を永続させるための使い捨ての乗物に過ぎず、[97] その乗り換える様は、正に輪廻である。自己複製子である遺伝子は、その乗物となる生命体からそこに進化した脳に至るまで、人間を司る主体[98]であって、自己複製する遺伝子も、厳密には時を経るうちに間違った複製もおこり、その永続性は絶対のものとは言えないが、乗物でしかない人間に比べればはるかに本（実）体性を持つ。そして人間はと言えば、正に輪廻を演出するものとしてあり、その様相は諸行無常、諸法無我に違いない。

　遺伝子側からすれば、中有の無いことを立証するかの生命体があり、例えばサケや水ダコの場合、その遺伝子は産卵時点（＝生の始まり）で、おおよそ（多少の時間の重なりはあっても）親から子に載り換えが完了し中有はない。が、中有があるとする考え方において、生命体にその中有をどう考えるかが問題である。そこで親と子の生命が重なる時期に着目する。

　そこで次のような定義を行うものとする。（下図参照）

《表 1.2.4　有情の生存の様相》

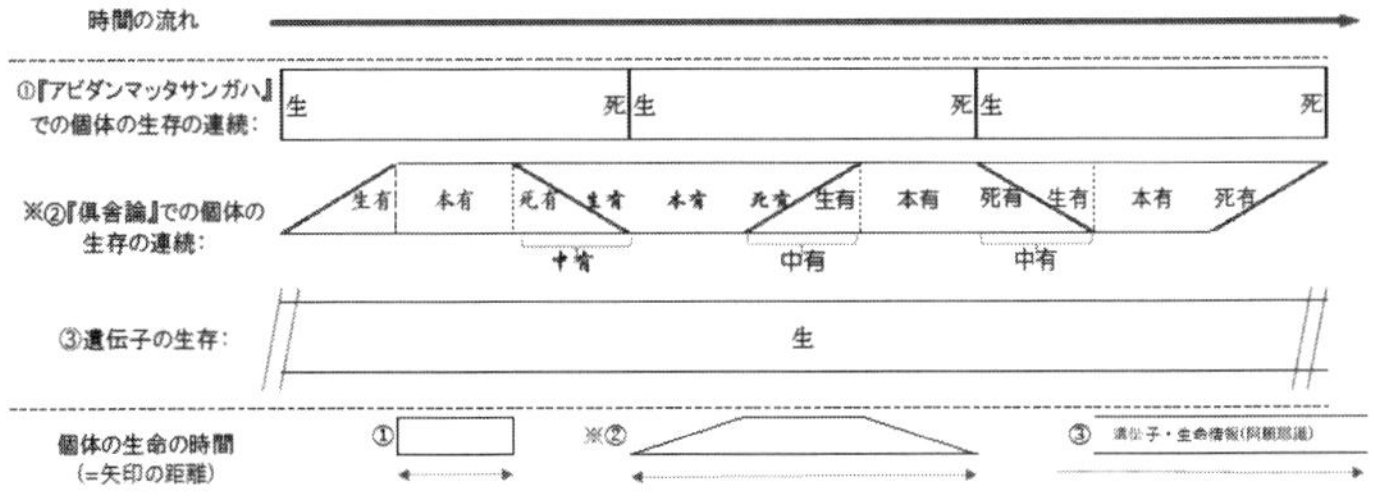

※② ひとつの枡は、個体の生存の時間でもあるが、また個体の一生涯のなかでの様相の変化・区分けともみなせる。

死有は親（＝親なる乗物、以下同様）から子（＝子なる乗物、以下同様）へと当該遺伝子の乗り移りが始まった時点から親の死による子への完全な乗り換わりまでの期間とする。それは子にとっては生有となる。本有は遺伝子が子に完全に載り移った時点から始まる。従って、中有は世代間に渡って死有と生有の触れ合っている期間となる。

この中有期に、親や環境からの各種情報なり文化が子の脳に移行蓄積し、脳の中身が作られる。ドーキンスはこの移行蓄積が遺伝的伝達と類似するとし、その脳での移行蓄積の単位を遺伝子（gene）に似せ、ミーム（meme）と表現した[99]。遺伝子は身体を乗物とするが、このミームは脳を乗物とする。ミームは文化なりその文化に培われた生命情報、また阿頼耶識を内容とする。人間のいのちとはこの阿頼耶識とその転識（＝末那識および六識）、及びそれと共にある身体の、これらが合わさって執り行われる現象なのである。いま、いのちに身体と及び身体でない側を見、この後者に着目する。前世を虚心に語る子供たちの存在が世界中で記録されている。その子たちは前世の人物の記憶を語り、それ故それを「生まれ変わり」現象と言う。その子たちを観察したイアン・スティーヴンソンは、その観察の合理的解釈として、肉体及び人格（人物）を別立てて[100]、このそれぞれが物理的空間と心理的空間にあり[101]、この心理的空間にはイメージ記憶、行動的記憶、識閾下認知記憶が保有されるとする[102]。そしてこの記憶の類がかかる現象を引き起こすと考えた。このことは阿頼耶識を種子に例えた輪廻の主体の想定に近しい。

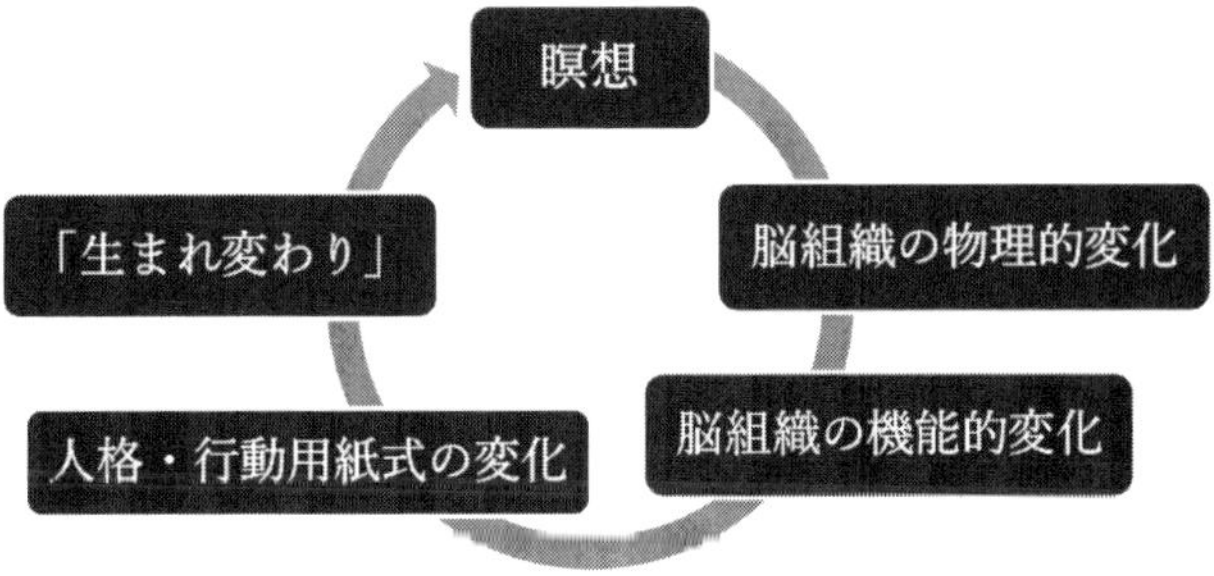

かくも累々と繋がる記憶なり阿頼耶識である。その記憶なり阿頼耶識が変容した状態がもたらされるとするなら、当該輪廻の様は奇しくも変容し、そこには前世を語る「生まれ変わり」以上に高次な「生まれ変わり」がある。脳裏に刻んだ記憶なりの各種情報は遺伝子とは別ルートで乗り換わり、その故に大脳新皮質なりその意思活動は、遺伝子の影響から離れ、その後に別の個体であるかの様相を呈していく。つまりサケや水ダコではできない一世代のなかでの「生まれ変わり」の様相が脳を持つ人間では一世代内で実現可能なのである。ここに示すべき新たな概念が、「瞑想に依る脳組織の物理的変化が、機能的変化、人格・行動様式の変化をもたらす。それをもって『生まれ変わり』とみなす」である。これまで「生まれ変わり」は身体が別物になることの側面のみで考えられてきた。が、ここで脳の側面に視点を変える。脳というよりは脳組織の変化に着目する。ここで脳組織が変化し別物になることを人間の「生まれ変わり」と見なすのである。身体と脳

とは異なるが、これらが等格であるとの見方が、三島由紀夫の輪廻転生の物語に語られている。「ひとつの思想が、ちがう個体の中へ時を隔てて受け継がれてゆくのは、君も認めるでしょう。それならまた、同じ個体が別々の思想の中へ時を隔てて受け継がれてゆくとしても、ふしぎではないでしょう。」[103]。別の思想を持つことが大脳新皮質の一定閾値を越えた変化であり、またミームの脳の乗り換えであって、それは遺伝子の身体乗り換え同様に「生まれ変わり」なのである。以上の概念によれば一生涯に何度も「生まれ変わり」、つまり別の人生を生きていくことが可能となる。そしてそれを実現させる標準的手法が瞑想である。

ここに一つの概念を示した。概念というものは人を動かす源泉となる。かつて私たちサピエンスには類似種が各種存在したにもかかわらず、結果私たちサピエンスが唯一の世界の征服者となったとのこと、それはその言語能力が故とされる。その言語能力が伝説や神話（物語）の仮構（＝虚構）を可能にし、それが恣意的行動を引き起こした。[104] ここで記した概念もその仮構物と言えば確かにその一つである。但し、当概念は、それをこころに抱く人間に大きな力、「生まれ変わり」を現実にする力をもたらす点でその有用性は絶大である。

第２章　経営者が「瞑想者として生きていく」こと

2.1 目指すべき経営者像

筆者を含め巷の経営者は一般に、著名経営者の著作等からその人となりに学び自己啓発に努める。例えば京セラ会長・盛和塾塾長の稲盛和夫の「人間として正しいことを追及すること」、「正しい判断ができるか否かで、経営や人生の結果が左右される」[201]、またヤマト運輸の小倉昌男の「会社経営でもそうだが個人の生き方としても、やはり正しい心を持つことがいちばん大事」など、その「正しさ」に「常に相手の身になって物事を考える」、「法律や社会のルールを守る」、「倫理にもとってはならない」[202]と語られれば、その言葉を金科玉条のように脳裏に刻む。松下電器産業創業者の松下幸之助は正しい経営理念をもつことの大切さを語り、その正しさは素直な心と言う[203]。そして素直になろうとする。小倉の「常に相手の身になって物事を考える」以外は倫理的判断基準である。しかしながら誰であれ、この類の「正しさ」を頭に刻むことが所期の経営者の礎になり得るだろうか。

「正しさ」を強く意識することが「モラル・ライセンシング」という問題をおこす。正しいことを意識する思考そのものが、人をその端から裏腹の不正や悪徳を行わせ、また済ませた気にもさせ、無行動にさせていく[204]。それは気晴らし行動として、正しいことを導くべき大脳皮質が疲労して働きが止み、バランス上また脳の休息のためになる大脳辺縁系の仕業なのである。「なぜ」と自ら問うことがこの問題に陥らない工夫と言う。人は、正しい正しくない、また善悪云々に関心がなく、関心があるのは専ら自身のことであって、この「なぜ」と問うことが、自身へと視点を移し、そこに自ずと「ありのままの自分が最高の自分になることを望んでいる」ことや「自分自身の価値観に従って生きていきたい」ことを思い起こさせる。[205] それは仏陀の前でのパセーナディ王とマッリー妃が互いが互いを前に交わした「自分よりもさらに愛しいものをどこにも見出さない」[206] の言葉のとおりである。ここに人を動かす力のヒントがある。究極の関心は幸せであって正しさではない。幸せが最も人の琴線に触れもっとも人を本気にさせる。従って、経営者は自らの幸せをよく知りまた従業員の幸せを慮り、そして事業活動に幸せの体現化の仕組みを講じるべきなのだ。

ここでジャック・アタリが未来予測に語るトランスヒューマンという概念を挙げてみたい。アタリはこの概念を今後に予測する社会の大転換後に現れるとする。このトランスヒューマンのものの見方考え方は、倒産経験を経て現れるべき今後の経営者のありように示唆を与えてくれる。またこれは倒産者に限らず、すべての経営者が目指すべき未来像ともなる。

アタリは、人類は古来、西洋では「自らの欲望を実現する自由」を、東洋では「自らの欲望からの自由」を最大価値と考えてきたと言う。[207] マネーは人間の欲望と表裏一体、その欲望を実現する自由に合わせ、現代社会においてはいびつに大きな存在である。アタリは今後、経済が

《表 2.1.1　未来の経営者像、トランスヒューマン》　※同自については後説

経営者像	（現在）ヒューマン		（未来）トランスヒューマン	
体制	民主主義	自我の意識	超民主主義	同自※の意識
経済	予定調和の市場経済		調和重視の愛他経済	
他者観	ライバル、紛争		自己の証、平和	
ものの見方・考え方	自己中心性／自己実現		関係性・愛他主義／自己超越	
自由観	自らの欲望を実現する自由		自らの欲望からの自由	
リーダーシップの様相	トップダウン型		ボトムアップ型	

原因の暴力状況が訪れ社会も人のこころも破壊されるが、やがて「自らの欲望からの自由」を求める「調和重視と愛他主義」の経済が表れ、マネーは事業活動の継続に必要であっても究極目的ではなくなっていくと予測する。[208] そのことはかかる時代・文明の進展と共の人間の「選好」の変化と見なせる。アブラハム・ハロルド・マスローは人間にはもって生まれた生得的な成長の衝動があると言い、そこに欲求の階層を示した。[209] この各階層に応じて各「選好」が作られるが、そもそもの始まりは成長（この場合個人の成長）にあり、その成長につれ欲望が変化し「選好」も変化する。アントワネット・フンジカー・エブネターはこの欲求の階層にそわせた財政的ニーズの階層を示し、将来、マネー運用がより良いＱＯＬ（人生の質）への貢献に向かうと言う。[210] マスローは個人の成長の頂に自己超越を据えた。そのことで言えば、最良のＱＯＬは自己超越のなかにある。この自己超越に対応した「選好」でのマネー運用が「調和主義と愛他主義」経済となる。逆に、かかる経済において、その担い手は自己超越の域にあると言える。さて、アタリは、この「調和主義と愛他主義」経済を象徴する事業活動として無料奉仕、寄付行為、公共サー

ビス、公益経済の活況化を挙げている。そこでは他者への供給の快さ、敬意、感謝の念、共に楽しむことが金銭的欲望に取って代わる。(211)筆者はかつて、設立したNPO法人において、子供たちの創造性をまもりそだてるべき所期の活動に取り組んだことがある。その場に集う子供たちへの労務供給の快さ、そこに参加するすべての人が共に楽しむことなど、金銭的欲望とは無縁の当該活動に励めることとの経験をした。その経験からもアタリの予測を唐突なものとは思わない。現にNPO法人の社会活動は広く行われてもいる。そしてこのように表れる「調和重視と愛他主義」の担い手こそトランスヒューマンと呼ばれる人々である。そのトランスヒューマンの思考は「自分たちの幸せは他者の幸せに依存する」、「自分への愛から始まる他者への愛が人類の存続条件であることを、他者を通じて理解する」(212)とされている。ここに自分と他者との区別はない。或いはマスローの言う自己超越の様相がある。そこでは経営者の幸せは従業員の幸せとなっている。それは本章で取り上げる同自ということでもある。以上より「我有」「我」「我体」にまみれた倒産者がかかるトランスヒューマンを目指すことは所期の「生まれ変わり」に叶うものと判断できる。そこで以下、同自をいかにこころの礎に築き上げるか、このことが肝腎でありその考察を始めたい。

2.2　仏教実践の基本フレーム、八正道

仏教の実践理論の最も簡単なものとして戒、定、慧の三学がある。三学は理想を求めるこころの構造を三分したものとされ、その詳細が原始経典で説かれる三十七菩提分法、即ち四念処、四正勤、四神足、五根、五力、七覚支、八正道の修行徳目である。(213) このうち四念処（後説）は八正道の正念であり、また四正勤（後説）は八正道の正精進である。その八正道は、仏陀が生きる過程は四苦八苦であるとの洞察に基づいて構築された実践手順である。四苦は生、老、病、死の四つであり、さらに怨憎会苦、愛別離苦、求不得苦、五取蘊苦を加えた八苦で四苦八苦、これらの苦から脱する道を四段階のプロセスの最後、苦諦、苦集諦、苦集滅諦に続く苦集滅道諦において説いた。これら四つを四聖諦と言い、その四聖諦のなかに説かれる道が八正道である。以上から「瞑想者として生きる」者の鍛錬の基本フレームとして最もオーソドックスと考えられる八正道を取り上げることとする。

スマナサーラは、「私たちは〝原始脳〟が引き起こす衝動で生きており、おかげで人間らしさの〝大脳〟がその判断能力を発揮できず、くたくたに虐められている。生きていく上での問題の大本はこの生命の本能にありその本能を叩き直さねばならない。そのための〝原始脳〟に勝つ実践方法が八正道なり瞑想である」(214) と語る。引用文にある〝原始脳〟は前章で見た大脳辺

縁系、乃至扁桃体であり、〝大脳〟は大脳新皮質のことである。八正道は原始脳に勝つ実践方法とここで述べられているが、別に表現すれば、大脳新皮質を、扁桃体に振り回されぬよう、或いは管理できるよう鍛えあげる実践方法ということでもある。

八正道は、正見、正語、正業、正思惟、正命、正精進、正念、正定の八つの項目からなる。八正道を先の三学で分ける場合、〔正見・正思惟〕を慧、〔正語・正業・正命〕を戒、〔正念・正定〕を定、〔正精進〕を三学共通、或いは定、慧に配する各見方がある。[215]また正しい在り方に関する人間の知恵として〔正見・正思惟・正語〕、人間の行為として〔正業・正命・正精進〕、人間の行為情緒として〔正念・正定〕に分ける見方、[216]さらに理解、習慣、注意、その他、の順に、〔正見・正思惟〕、〔正語・正業・正命〕、〔正念・正定〕、〔正精進〕とする見方もある。[217]以上から理解の仕方は様々に可能であるとして本論では〔正語・正業・正思惟・正命〕を戒、〔正念・正定〕を定、〔正見〕を慧、〔正精進〕を三学共通と分類する。本論では通常慧とされる正思惟を戒に含めた。仏教では行為を業と言い、その業を身口意に分けるが、意業は意思なり思の行為であることから思業ともいわれ、その時、身口の二業は思已業であり、[218]従って思業は思において思已業と並列した行為であるから、意業の正思惟は身業・口業の正語、正行、正命と並列のもの、同範疇のもの、従って戒に一括して考えた。

次にその戒、定、慧の順番であるが、一般には慧→戒→定の順で説かれる。仏陀も「正しい見方が生ずれば、それに従って……、正しいことに念をこらせば、従って正しいことにこころを専注することになる」[219]として、正見である慧にはじめ、戒へ、そして正念、正定の定へと語っている。が、出世間を目指す僧にあっては定を到達点とする考え方は納得できもするが、世俗の生活者にとっては適宜に適正な戒の諸行、後に記すがそれは日常活動そのものであり、そこに重きがあるだけに本論は定↓慧↓戒と考える。一九世紀末、イギリスのビルマ侵略にあって、時の王ティーボー王はそれでも瞑想に耽り、挙句ビルマは占領されてしまう。[220]これでは本末転倒であって、本分はあくまで戒である。さらにその順の根拠として、「偉大な四十の法門」経の冒頭には「聖なる正定とは何か。……、正見、正語、正業、正思惟、正命、正精進、正念です。……これら七部分によって調えられた心の統一があります」[221]として正定から説かれてもいる。この〝調えられた〟に思うこととして、製造業用語の５Ｓ中の整理がある。５Ｓは整理、整頓とまず整理から語られるが、整理とはいらないものを捨てることであり、それは一仕事を終え次の作業を準備する者としての心得である。調えられた心の状態はスタートに相応しい。従って定を土台、始まりとすることは日常活動に適正である。続いて「正見が先行します」[222]として、正見が、本論の本分である実際行動、戒の諸行に先立つものとされている。かつまた正見が正念を含んで改めて成ることが「念をそなえ、正見を成就し、住みます、それがかれの正念になります」[223]と記され、以上より｛正定↓正念↓正見↓戒（の諸行）｝……↓正念と知れる。

《表 2.2.11　八正道・諸氏の定義一覧》

※下表の太字は、本論が項目の定義にあたって主に採った意味

三学		引用諸氏名／参考文献	水野弘元 水野弘元『仏教用語の基礎知識』	宮元啓一 宮元啓一『ブッダが考えたこと』	田上太秀 田上太秀『ブッダの人生哲学』	井上ウィマラ 井上ウィマラ『看護と生老病死』
慧	信	正見	正しい見解、信仰	正しいものの見方	(衆縁和合と四諦の熟知)	正しい見解
			(縁起、四諦に関する知恵)	(智慧)		(人生を四聖諦の視点から見つめること)
戒	戒	正思	正しい意思、決意	正しい思考の選び方	心がけ**(煩悩を起こさない※)**	正しいこころの向け方
				(善悪の弁別や用いる論理への自覚的反省)		(欲望のこころを分かち合うこころに、怒りのこころを慈しみのこころに、無知のこころを自覚的なこころに転換していくこと)
		正語	正しい言語的行為	正しい言葉	**言葉を慎む※**	正しい言葉
			(不妄語、不悪口、不両舌、不綺語)	(嘘をついたり、粗暴な言葉遣いをしない等)		(偽りのない言葉、傷つけない言葉、仲たがいさせない言葉、無益に飾り立てない実のある言葉)
		正業	正しい身体的行為	正しい行い	**身を慎む※**	正しい行動
			(不飲酒、不邪淫、不偸盗、不殺生)	(生類を殺傷しない等)		(命を大切にし、他者の存在と所有物を尊重し、性的関係は責任感と敬愛の念で行動する)
		正命	正しい生活法	正しい生活規範	**規律ある道理に適した生活※**	正しい生業
			(正しい職業、正しい生活(規則正しい生活))	(所謂、戒律)		**(幸福をもたらす職業に就く※)**
		正精進	正しい努力、勇気	正しい努力	(悪心がおこらないように、生じた悪心を捨てるように、善心が起きるように、生じた善心が増長するように)	正しい努力
			(理想の善を生じ増大させ、悪を減じ除去する)	(修行に怠りがないこと)		(未だ生じていない不善を防ぎ、既に生じた不善を遮断し、未だ生じていない善を生じさせ、既に生じた善を完成させるべく努める)
			【参考】四正勤…已起の悪はこれを断ず**(断断※)**、未起の悪はこれを生じないように努力する**(律儀断※)**、未起の善はおこるように努力する**(随護断※)**。已起の善はますます増大するように努力する**(修断※)**　(103)			
定	定	正念	正しい意識、注意	正しい記憶	正しい記憶	正しい気づき
			(理想目的を常に忘れない、ぼんやりしない、無常・我、無我を忘れない)	**(教えをしっかり頭に刻み込むこと※)**	(身体を観察し正しい知識を得て忘れない)	(今ここの自分の身体とこころに注意深く意識を向けること)
			【参考】**四念処…身は不浄、受は苦で、こころは無常、法は無我※**　(104)			
		正定	正しい精神統一	正しい禅定	こころを制御すること	正しい集中
			(精神統一,四禅定,明鏡止水,無想無念)	**(徹底思考の瞑想※)**		(三昧、禅定)
	慧	正智・正解脱				

風詠社の本をお買い求めいただき誠にありがとうございます。
この愛読者カードは小社出版の企画等に役立たせていただきます。

本書についてのご意見、ご感想をお聞かせください。 ①内容について
②カバー、タイトル、帯について
弊社、及び弊社刊行物に対するご意見、ご感想をお聞かせください。
最近読んでおもしろかった本やこれから読んでみたい本をお教えください。

ご購読雑誌（複数可）	ご購読新聞 新聞

ご協力ありがとうございました。

※お客様の個人情報は、小社からの連絡のみに使用します。社外に提供することは一切ありません。

郵 便 は が き

料金受取人払郵便

大阪北局
承 認

2424

差出有効期間
2021 年 12 月
1 日まで
（切手不要）

5 5 3-8 7 9 0

018

大阪市福島区海老江 5-2-2-710

㈱風詠社

愛読者カード係 行

ふりがな お名前			明治 大正 昭和 平成 年生 歳		
ふりがな ご住所	□□□-□□□□			性別 男・女	
お電話 番 号		ご職業			
E-mail					
書 名					
お買上 書 店	都道 府県 市区 郡	書店名	書店		
		ご購入日	年 月 日		

本書をお買い求めになった動機は？
1. 書店店頭で見て　2. インターネット書店で見て
3. 知人にすすめられて　4. ホームページを見て
5. 広告、記事（新聞、雑誌、ポスター等）を見て（新聞、雑誌名　　　）

次には八正道に関する各氏の定義の一覧（表２．２．11）を参照し、各項目間の流れの自然さ、実践応用での体系的理解を念頭に、本論での八正道各項目の定義付けを考えてみたい。

最初に定（正定・正念）であるが、定であれ戒であれ、その時点で持つ当人の慧によって執り行われる。《表２．２．11》にある正定なり正念の定義は、「正しい……」と、そこに正が重なり同義反復している。それは正しい、即ち慧の判断基準が示されぬままに定義を行っていることが原因である。そこでここでは正しい某といった定義は除き、宮元定義の、正定：「徹底思考の瞑想」、及び正念：「教えをしっかり頭に刻み込む」を手掛かりに考察したい。この正念にある〝教え〟は、まずは瞑想で行う〝身の観察〟で得る不浄、〝感覚の観察〟で得る苦、〝こころの観察〟で得る無常、〝法の観察〟で得る無我であって、[224] 以上は四念処と言われる。

正定がなぜ徹底思考の瞑想なのか？は重要である。正定では瞑想が坐ることで身体の動きを固定し、そこに漸く身体、感覚、こころの反応し続ける様に気づけるようになるが、瞑想の要諦としてその気づきを内語（＝頭の中で語る）で確認し続けることが挙げられる。そこが徹底思考なのである。まどろみ、ましてや休息ではない。そしてその思考は所謂頭で考える思考ではない。仏教では、思考の過程を、色受想行識の順に五段階に考えるが、ここで言う思考は想以降に進むことを止め、受に留まってそこで観察することにある。[225] ここで、受までの思考と、想をへて行う思考とをそれぞれ身体の知と脳の知と言い換えるとわかりやすく、この両者で説明を続けたい。脳の知は、一般的に言われる知であって私という主観を介し、なにかと表象する知である。脳の知は内省の双子の悪魔と呼ばれる過去や現在の出来事へのこだわりの反芻、そして将来を常に心配し続ける不安を興す。そして自己認識を破滅させ洞察の邪魔をする。(226) 身体の知はこのように常々表で働く脳の知に隠れている。このような二つの知のありようで考えると、仏陀の瞑想、呼吸に集中する瞑想は次のように推移する。まず呼吸観察を開始する（正定に取り付く）。そして志向する対象（仏陀の瞑想の場合は四念処の順の各一）に意識を集中する。その体感し体得した智慧を脳裏に刻み込み、日常生活において片時も忘れぬほどの強い記憶として留める。これが正念でありそこでは受の知、身体の知と共に改めて脳の知が発揮されている。この正定状態の続く間、脳の知の働きは継続するが、志向する対象への集中を高めるほどに身体運動としての呼吸が次第に鎮まり、それと共にその脳の知も、また正念も鎮まる。そして正念が占めていたこころの領域が空く。ただしそれは実に空（から）ではない。製造業用語ラインクリアランスは作業者の作業机の上を片づけ、次作業の準備としての作業スペースを用意することであるが、当然のことながら作業机までは片付けない。それと同じように脳の知を抑えはするが、それを消滅し尽くすわけではない。それ故、空（から）ではなく虚（から）なのである。そしてそこに機能があるかどうかである。機能とは、前記したように、究極、阿頼耶識と、及び身体の、これらが合わさりなる現象、即ちいのちである。実際、脳の知がほぼ鎮まったこの虚（から）状態でも（或いは無くても）、当意即妙の行動機能、即ちいのちが某かの知によって興る。その機能なり、かかるいのちへの着眼が仏教の真理への大道となる。その機能を示唆するものとして、例えばダーウィンの、ミミズの知能については語れるものはほとんどないと明言したうえで、ミミズがする地面の穴ふさぎ行動が、試行錯誤の末に有効な一定行動に至った実験観察から、それが習性（本能）によるものではなくある種の知能によるものだと推測したこと[227]が挙げられる。それがここで言う身体の知なるものである。

以上をもって次には慧〔正見〕が創出する過程を記してみたい。先には正定に〝こころを専注させる〟（前出）との仏陀の言葉を引用したが、その専注とは注意を一つの対象に向けることではなく、身体全体に充溢させて身体を認識系にすることとであって、そこにこの身体の知が旺盛に働く。[228] そして虚（から）になったこころには某かが充ち働きがおこる。これが気づきである。気づきはもと「気」が「つく」と解釈され、その「気」は主観と客観と言った二分法以前レベルの全体、気分のようなものとされる。[229] その気づきを、抑えられた脳の知が改めて言語化し脳裏に収め（正念）、それがその後の実際行動の指針となって慧〔正見〕として顕れるのである。「念をそなえ、正見を成就し」[230] のとおりである。

次に戒〔正思・正語・正業・正命〕であるが、先と同様の理由で、正しいの語を含む定義は参照せず、田上定義をそのまま採りたい。正語ならば「言葉を慎む」といった風となる。

定	正定	この身体を元に徹底思考、こころを虚（から）に。＝気づき	意業	正精進	「選好」を抱いた生活を営むなか、その生活を善悪の基準に照らして善をなすべく適切に行動すること
	正念	志向する対象への意識の集中とその強い記憶・憶念			
慧	正見	気づきと共の、都度改まるものの見方考え方			
戒	正思惟	煩悩を起こさない			
	正語	言葉を慎む	口業		
	正業	身を慎む	身業		
	正命	規律ある生活と幸福をもたらすべき就職			

最後に正精進である。この精進は定とのバランスにおいて考えられている。例えば瞑想の実際において、坐っている姿勢では精進がやや少なくなり定が過剰になると言われ、(231) またアーナンダ長老が阿羅漢果を得る直前の思いに「歩く瞑想に過度に取り組んだせいで精進が多くなり定が不十分になっている」とも語られた。(232) この両者のバランスのなかに瞑想が適正に執り行われる。但し、この精進は、仏陀が「諸行は壊法である。放逸することなくして精進せよ」(233) との最後の言葉にあるだけに、瞑想の枠内に収めず、八正道全体にかかるものとして考えたい。さて各氏の正精進の定義は、「七仏通誡偈」のなかの四正勤（断断、律儀断、随護断、修断）(234) を根拠の善悪によっている。悪は貪瞋痴という煩悩に基づく行為であり、善は無貪無瞋無痴に至る業、即ち瞑想・八正道とされる。(235) 事業活動においてもその善悪が古来より倫理面から各種に論じられ

ている。例えばカントが事業活動での見返りを批判し善行は無私であるべきと説き、またバーナード・デ・マンデヴィルは悪徳行もその実、経済活動を活性化させ社会全体を幸福にするものであるから善行であるとも説く。(236) この相反する例からも、善悪の基準に世俗の倫理面から論ずることは的確でない。また仏教でいう貪瞋痴の善悪だけでは対象を捉えにくい。何より生活に資するものである必要がある。そこで前記した、人は善悪には関心をもたずただ自身の幸せのみに関心を持つこと、及び世俗が経済生活であることを念頭に、そこで「選好」の語をここに用いたい。経済学ではこの「選好」から法・制度・規制の変更を考えるが、ここでは人の変容・成長を考える。「選好」の対象は美食から、愛情から、豊かな資産、名誉から解脱に至るまでの階層の、人の欲望、願い事、また目標である。以上から精進の定義は、「人が『選好』を抱いた生活を営むなか、その生活を善悪の基準に照らして善をなすべく適切に行動することと」と定める。正精進に掲げるべきは、何にマネーを使うか、及び当人の経済生活が、次々に「選好」を充たしては新たな境遇へ高揚していくべき変容・成長の力を目することである。精進の働きを例えると、人が所期の目的地、それは「選好」の地であって、最終的には無貪無瞋無の地であるが、人がそこに向かう場合に乗る車の機能にあたるものなのである。

次には、八正道各項目がつくる全体像がいかなるものかを考えてみたい。「偉大な四十の法門」経にある「…有漏の、功徳の部分であり、素因の果となる正見がありますと「聖なる、

《表 2.2.13　八正道の全体像》

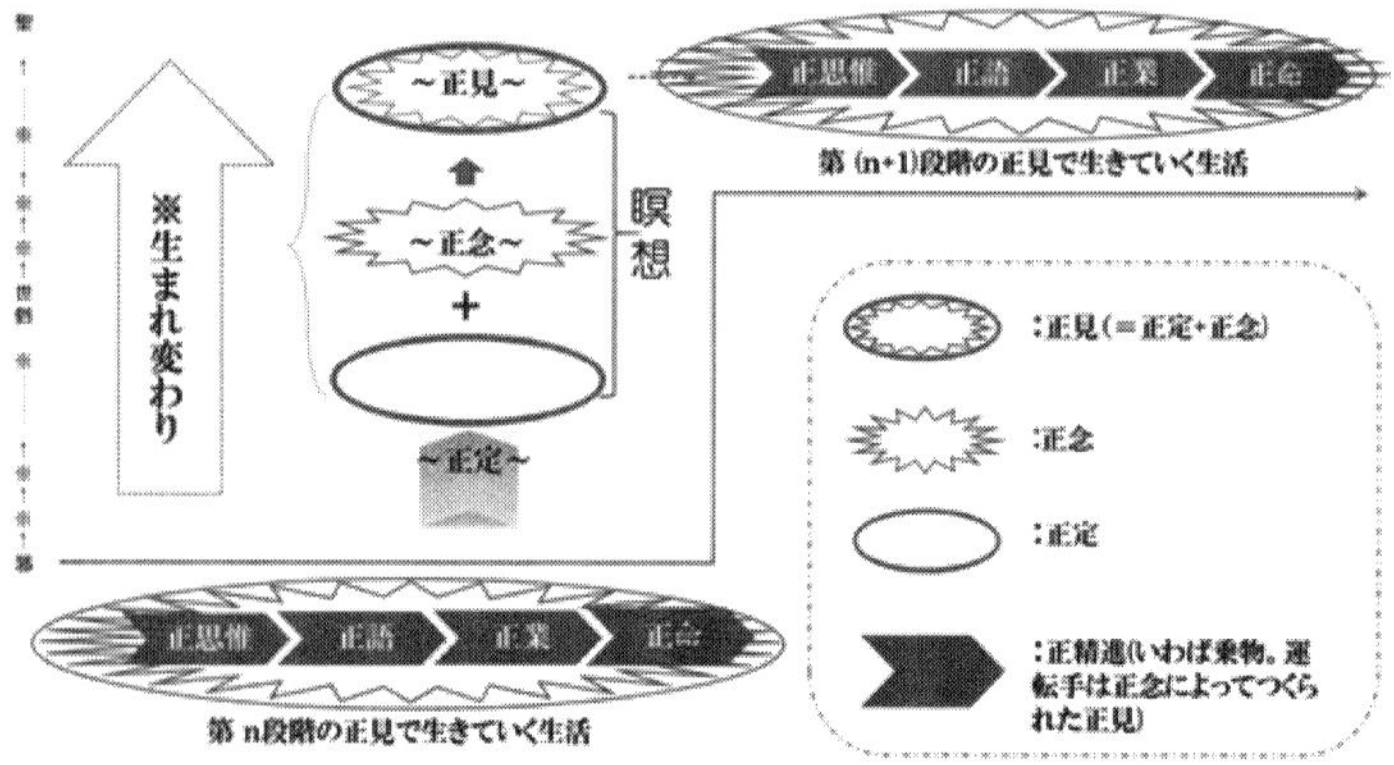

無漏の、出世間の、道の部分である、正見があります[237]」の表現が、思惟、語、業、命のそれぞれの説明にあり、正見が八正道のサイクルにおいて有漏、聖、無漏の段階を高めていく要の位置にあることが知れる。ここに八正道のフローがサイクルであり、そのサイクルがスパイラルアップするものであることが理解できる。そこで八正道の全体像を、以上の考察から《表2.2.13》に表す様相として図化した。当図は第n段階から第（n＋1）段階へのスパイラルアップの様相として示している。

2.3　八正道・瞑想の社会活動への転回

2.3.1　リーダーシップとマインドフルネス鍛錬

以上を下地に、以下では経営者が事業活動において「瞑想者として生きていく」可能性を考えることとし、目を社会活動に転じてみたい。

経営者の力量は様々な側面に要求されるが、以下ではリーダーシップを念頭に置く。リーダーシップを選択した理由は、ジョン・P・コッターや、また『ビジョナリーカンパニー②』を編纂したジム・コリンズなどの研究者たちが、それぞれ経営上の異なる研究分野でありながら膨大な資料に基づいて至った結論が同じく「経営者の核心はリーダーシップである」(238)であったことによる。リーダーシップについて、例えば堀 紘一はなにより「掴み取るもの」(239)と言う。この語はその対象が知識や技術の類を言っていない。これらはメモ取り学習でも習得できる。そうではなく感得する、身でもって知るといった風がある。堀はリーダーシップの要素として最初にビジョン、戦略、組織づくり、人事、カルチャーを挙げ、次いで観察力、状況判断力、意思決定力、行動力を挙げる(240)。その後にインフォーマルリーダーシップを持つことや人がなびくこと等を挙げているが(241)、堀が「掴み取るもの」とした感得風の対象はこの最後の二つが最も該当の確度が高い。これらはこころ配りでありこころ遣いである。このことをコッターはより鮮明に表している。リーダーシップの要件のなか、実務面での一般マネジメント事項とは区別した形でコミュニケーションの図り方による「人心の統合」、そしてインフォーマルで緊密な人間関係による「動機づけ」(242)を挙げている。さらに『ビジョナリーカンパニー②』では、こころへの視座が一層強まり、経営者の特質が「謙虚さ」の語に集約して表現された。本書はリーダーシップの種類を第一水準（有能な個人）、第二水準（組織に寄与する個人）、第三水準（有能な管理者）、第四水準（有能な経営者）として示し、その上で「偉大な企業」の経営者の核心はこれらを越えた第五水準のリーダーシップであるとし、その特質を「謙虚さ」としている。[243]「謙虚さ」を纏ったリーダーが「我所」「我」「我体」の押し出しではなく、他者へのこころ配り・こころ遣いに根差し個々人を尊重するのであれば、それは、「生まれ変わり」経営者に見合う所期のリーダーシップ発揮に違いない。そのようなリーダーシップは別にボトムアップ型とも呼ばれる。[244]そこでは個々人の高い意識と能力が前提である。従って、個々人に立った教育の視点も必要である。

昨今、かかるリーダーシップの社会的要請が高まっている。Google、Facebook、Harvardなどでは成果を上げる要因の調査に基づき、自分自身と他人との関係を効果的に処理することや競争上の優位性を得るために人々の協力というものの有用性に着目、これらに焦点をあて、情動（こころ）に視座を置くマインドフルネス鍛錬を開発し実施している。[245]

マインドフルネスは「今この瞬間に完全な注意を向けた状態」[246]を指し、それは正に八正道や瞑想に語られる言葉である。マインドフルネスは自己認識、また気づく力（セルフ・アウェアネス—Self Aweaness）をもたらすとされるが、特筆と思われるのはコンパッション—Compassion（＝深い思いやり）が醸成されるとしていることである。[247]さて、Compassionは仏教の慈悲、キリスト教の愛、イスラム教の喜捨・断食に通じるものであるだけに、自ずと宗教との結びつきが連想される。がしかし、マインドフルネスの指導者は、マインドフルネスは特定の宗教に触れない云々を縷々述べている。[248]そこに例えば「仏陀の苦しみの根本治療法は、四諦八正道がそうであるように、…、一体のシステムとして機能するように完成されているシステムをばら売りし、ダンヶを取り除き、メソッドとしての瞑想だけを取り出したのが、マインドフルネス認知行動療法や、マインドフルネスブームである」[249]などと語られもする。他方でダライラマ十四世は、仏教には、こころと感情に関する詳細な説明の科学的側面、縁起や相互依存の概念の哲学的側面、そして宗教的側面があると言い、そのダライラマ十四世自身が、その側面のいずれを選び活用することにも寛容であり、その活用に際しても、仏教徒になること、或いは仏教徒である必要は全く無いと明言しているのである。[250]マインドフルネスは、これら三側面のうちの宗教的側面を語らず科学的側面を語り、また哲学的側面は形を変えたものとなっている。先の、揶揄するかの言葉も、哲学的側面がないと言うがメソッドがあると述べ、その科学的側面は認めている。以上から、仏教の科学的側面と哲学的側面を取り出しての活用に不適切さはないと言える。さてそのマインドフルネスであるが、その創始者チャディ・メン・タンはマインドフルネスの取組み動機に、ＥＱ（=Emotional Intelligence）を挙げ、Google のＳＩＹプログラムも「ＥＱのカリキュラム」[251]と言う。そこで分け入って以下、ＥＱの考察を行ってみたい。

2.3.2　EQの階層構造と八正道、その類似性と差異

EQは「感じる知性」を指す。「感じる知性」は「考える知性」と並ぶ人間知性の一つとして近年に着目された。これらは前述の身体の知、脳の知にそれぞれ対応するようなところがあるが、それはひとまず置く。「考える知性」IQとして既に広く知られるが、「感じる知性」EQは情動（こころ）のものとして長らく仕事に無関係と考えられてきた。が、いまやこの二種の知性のバランスが人生の過ごし方を決め、さらにはこの「感じる知性」がなければ「考える知性」が十分に機能しないとも言われる。(252) EQはその概念が次第に明らかになるにつれ、いまやIQ以上に生活や仕事に重要な要素と認識されている。身体には表層と深層の身体があり、深層の身体においてはすべての人がつながっていると言われる。(253) EQ養成やマインドフルネス鍛錬はそのことも根拠に、身体への着目をその取りつきにしている。それが瞑想を取り入れたと説明される所以となっている。

EQは、《表2.3.21》に記す三氏の概念形成の過程を経て、ダニエル・ゴールマンに至っての概念が最も知られる。ゴールマンはEQを感情コンピタンスとして、他人の感情を読むスキル及びその感情を芸術的に処理する社会的スキルの両者にわけ、それぞれを「個人的コ

《表 2.3.21　EQ の概念形成》

【引用】ガードナー＆サロヴェイ：『EQ』p.68〜75、ゴールマン：『ビジネスEQ』p.42

リーダーシップ		〜ミクロ・リーダーシップ〜	〜マクロ・リーダーシップ〜
		こころの内への働きかけ	こころの外への働きかけ
EQ	ガードナー定義	自制	共感
		人格的知性	
		心的知性（自身の内面にむける知性）	対人知性（他人を理解する脳力）
	サロヴェイ定義	①自分自身の情動を知る、②感情を制御する、③自分を動機づける、	④他人への感情を認識する、⑤人間関係をうまく処理する
	ゴールマン定義	感情コンピタンス（＝他人の感情を読み処理する力）	
		［個人的コンピタンス］①自己認識、②自己統制、③モチュベーション	［社会的コンピタンス］④共感性、⑤社会的スキル

ンピタンス」と「社会的コンピタンス」と表現した。前者は自己認識、自己統制、モチュベーションである。後者は共感性、社会的スキルである。またリーダーシップを社会的スキルに振り分けている。[254] 以下では、経済学や組織論で一般的なミクロとマクロの区分に換えてこれらを表現する。ミクロが個人のこころの中であり、マクロが社会面でのことである。

そこで次に、先にまとめた八正道各項の定義に基づき、八正道とEQとの関連を考えたい。ミクロ・リーダーシップには個人的コンピタンスである①自己認識、②自己制御、③モチュベーションが該当し、この自己認識と自己制御が正定に、モチュベーションが正念にあたる。またマクロ・リーダーシップには社会的コンピタンスである④共感性と⑤社会的スキルが該当し、共感性が正見に、社会的スキルが正思惟、正業、正命、正語にあたる。ゴールマンは、この①〜⑤が相互関係的かつ階層構造にあると述べている。即ち、①自己認識があって②自己統制と④共感性があり、①自己認識と②自己統制が③モチュベーションに貢献し、これら①②③④の四つが⑤社

《表 2.3.22　EQ の階層構造と八正道の関連》

	Step1	Step2	Step3	Step4	Step5	主たる目標	従たる目標
EQ	自己認識	自己統制	モチュベーション	共感性	社会的スキル		
	【マインドフルネス瞑想】	意図や自分の仕事の責任・やりがいを思い起こす	自身と他者への調律 Compassion		社会活動に処する対人関係	a社会活動を良好に処する対人関係	b自己の内面的成長や人間的成長
八正道	正定		正念	正見	正思惟・正業・正命・正語	b涅槃・悟り(＝自己の内面的成長や人間的成長	(a社会活動を良好に処する対人関係)
	【仏陀の瞑想】		四念処をこころに充たす	真理に基づいたものの見方・考え方			

会的スキルを作ると言う(255)。これを八正道で言い換えると、正定があって正見があり、正定が正念に貢献し、正定、正念、正見が正思惟、正業、正命、正語をつくる、となる。ここには何の違和感もない。ここに八正道とEQのフローのおおまかな類似性が確認できる。一方で差異に関して、EQにおいてはその自己認識から自己制御におけるそれは脳裏の内のこととして、八正道で核心のダンマ、無常・無我、縁起を語ることには踏み込まない。手法が瞑想に則りながらも、仏陀が本来その獲得を目指すべきとした対象（無常・苦・無我等）が、共感なりCompassionに取って代わるのである。そしてそれが社会活動に即したものとして、現実の課題解決なり行動へ向かせるものとなる。それは主たる目標、従たる目標の入れ替わりとしても表れる（《表2.3.22》参照）。ここに差異があるものの、同じくフローし機能を発揮しているところに着目してみたい。

そこで想像されることとして、こころなり脳の働きに於いて、脳回路に載り易い、それに準拠すれば機能すべくする形式のようなものが八正道にあるのではないか、ということである。これが先のメソッドなり科学的側面のことである。そして八正道の全体像（《表2.2.13》）とEQの階層構造におけるフローを相照らし眺めると、そこに次の二つの形式が明らかになる。

形式①：「正定＋正念＝正見」

形式②：「正見×日常活動＝所期の目的」

これらは形式として他に活用すべき妥当性を有するものだろうか、そこでそのことをマインドフルネスの転回事例であるGRACEとAWAREにおいて確認してみたい。

2.3.3　二つの形式を応用実践することの妥当性確認

ジョアン・ハリファックスは仏教の側から医療の領域にアプローチし、(256) GRACEプログラムを、またリーダー研修の領域へそれを転回したAWAREプログラムを提唱し、その実践を広めている。共に八正道の工程なりEQの階層構造がそこに意識されている。以下、GRACEとAWAREにおいて先の二つの形式の適用妥当性の確認を行いたい。

GRACEは五つの段階を示す英文表記の頭文字を並べている（《表2.3.3》参照）。GRACEの意図は死の看取りに従事する医療関係者個人の、その日々の心身消耗による燃えつき問題の解決であった。もう一つ挙げられる目的が仕事を通した自己の内面的成長や人間的成熟である。(257)それはスパイラルアップを経巡る八正道との関連を思わせる。

GRACEの実際は、まず看取りの従事者の病棟に向かうに先立って呼吸を観察、その立つ際の足裏感覚に注意を向けることに始める。そして病棟へと〝歩く瞑想〟をし、意識を集中させる（以上G段階）。今からする取り組みの意図を思い出す（＝R段階）。この「意図」は、現実の仕事の意味であり、それは間接的に自己の内面的成長や人間的成熟のことも含む。次にA段階で、患者、その家族、スタッフのいる現場においてまず自分に調律する。調律とは観察することである。脳科学で知られたこととして、人の脳は自身の受容感覚や内臓の感覚に気づく領域（＝「感じる知性」）が他者に共感するときの領域と重なっているとのことであり、[258] この自身を観察する作業（＝調律）が、「感じる知性」を亢進し他者への共感を高め、それが他者の観察と調律を導く。ここに自己覚知・自己認識が育まれ、同時に相手の観点を取得する。八正道で言う「気づき」に相当する。次のC段階は、こころに錯綜するあれこれをインテグリティ（整合性・一貫性・誠実性）において関連付け統合する段階である。[259] 自分と他者を統合し、そこでは見分ける知恵、慈悲を働かせた洞察と直感によって当事者全員の調和の方策を模索している。この関連付けと統合が業務を通し他者と関わる具体的行動（＝E段階）のなかに執り行われるのである。《表2．3．3》には、以上でみたGRACEと八正道のフローの相関を示した。正念は仏陀の瞑想では四念処であるが、GRACEではそれが意図に入れ替わる。内容は異なっても形式①及び②に沿っている。GRACEのRとAの各段階では、正念の中身が異なるので括弧付きで表記した。

表 2.3.3　八正道にある形式①②の、他用途適用での妥当性確認》

							主たる目的
GRACEの段階	G	＋　（R	＋　A）	＝C　　C	×　E	＝	燃えつき防止
頭文字が示す語句	Gathering attention	Recalling intention	Attuning to self,then others	Considering	Engaging,Enacting,Ending		
語句の意味	注意を集中する	意図を思い出す	自身、そして他者への調律	何が役に立つかを考慮	関わること		
AWAREの段階	A	＋　（W	＋　A）	＝R　　R	×　E	＝	リーダーシップ養成
頭文字が示す語句	Attention	Why arw we doing this	Attuning to self,then others	Reflect	Engage and End		
語句の意味	注意	なぜこれを行い、なぜ自分に大切か？	自分の心身の状態に繋がり、次に相手の状態に繋がる。どんな感覚の一致に気づくか？	創発的に浮かぶ智慧を静かに受け取る	実行と完了		
八正道	正定	＋　（　正念　）		＝(正見)　(正見)	×　正思惟　正語・正業・正命　正精進	＝	解脱
本論での各項定義	徹底思考 頭にスペースを作る 四念処の洞察	頭のスペースに四念処を埋め、刻み込む		都度改まるものの見方考え方	実際行動 悪を滅し滅じ、善を生じ増す		

形式①：[正定]＋[正念]＝[正見]

形式②：[正見]×[行動]＝[目的]

次にAWAREを考える。AWAREも五つのステップを示す語句の頭文字の順である（表参照）。表中にはAWAREの各段階の意味も記した。AWAREはCompassion（コンパション）の養成が意図とされる。ここでCompassionは「他者の体験に寄り添う能力、他者への関心を感じること、なにが他者の役に立つかを感じ取ること、役に立つという準備・可能性を持つこと」と定義されている。(260) このCompassionに根差したリーダーシップが社会活動に資されるべきものと考えられている。AWAREも、GRACE同様に、身体への注視を取りつき（A段階）とし、次には日常生活で相手の言葉に耳を傾ける際に、自分自身の身体なり感情の変化を知ることに努めるのである。それは同時に相手を知ることでもある（三番目のA段階）。前出の語を用いれば、脳の知を止め身体の知を働かせること、またGRACEの調律が行われている。これらを経てCompassionが表出する（R段階）。このCompassionが生活や社会活動を気持ちよくすすめることは筆者が事例を挙げるまでもなく誰しも経験している。

以上に見たGRACEとAWAREいずれにも、その各段階がそれぞれに該当する八正道の各項の位置づけが可能であり、また八正道の形式①および形式②が見出せる（《表2．3．3》下部参照）。従って、この二つの形式に準拠した応用実践の妥当性が確認できた。

さてここでCompassionというこころの働きを、このように形式に準拠して応用実践する、いわば科学的手法で取り扱うことの是非について、或いは懸念の払拭について記しておきたい。

改めてAWAREで説かれるCompassionであるが、私たち日本人にとっては、その教育の根底に〝みんなの気持ちを知って〟という「気持ち主義」があると言われ、[261]実は別段目新しいものではない。それは欧米由来の人間中心主義なり個人主義の土壌においての目新しい着目なのであった。ただここで私たちが圧倒的に科学思想を信奉しているかの現状を知らねばならない。科学思想の特徴には普遍性、論理性、客観性があり、ここに生じた功罪半ばする実情からこれらに対する「臨床の知」がコスモロジー（場所や空間が有機的秩序を持ちそれぞれが意味を持っている）、シンボリズム（物事には多くの側面と意味があることの表現）、パフォーマンス（わが身に相手や自己を取り巻く環境の働きかけをうけつつ行為し行動すること）で語られもする。このような「臨床の知」は、「個々の場合や場所を重視して深層の現実に関わり、世界や他者が我々に示す隠された意味を相互行為のうちに捉える働きをするもの」[262]と定義され、それはAWAREなりEQの論説の主旨に沿う。が、「臨床の知」が有効と理解されてもその実際をいかに実現するかを考えると、そこに誰しも標準的な手法を期待するのであり、そこでかかる「臨床の知」を含み、その上での科学的手法というものが万人の着手に適切であって、それが形式①と②に準拠した応用実践という手法ということなのである。

その応用実践において、以下には所期の目標である同目の獲得の実際を考えてみたい。

2.4　社会活動の修業徳目の核心、同自

2.4.1　四摂法と四無量心の統合

阿含やアビダルマには「四無量心」や「四摂法」が説かれ、それは利他行と解せる。[263] 先のEQが、社会活動での対人関係のあり方を念頭に語られたものであることとからすれば、個人鍛錬を念頭にした八正道に利他行の徳目が明らかでなく、それを補完している。その各徳目の意味は《表2.4.41》に記すとおりである。各徳目を身口意業に分け、意業が身口業に先立つこと、及び意業においては慈悲喜捨に先立って同自（samana-attata）が前提になること、それらを統合、《図2.4.42》に図化した。人は、社会活動では物質的富や快適さなどの外的条件を高めようとし、他方で内的条件の上記の各徳目を通しこころの安寧を得ようとし、これらには共に幸福の追求がある。従ってこの全体を幸福と見なした。

世間でよく語られる慈・悲・喜・捨（＝四無量心・意業）も、同自のこころにおいては自然な発露である。慈悲喜捨が現実行動になったものが愛語（口業）や布施（身業）であり、それらを含めた利行によって涅槃・悟りに至る。この解釈のもと、同自をすべての始まりと考えたのであるが、その意味からも社会活動を行う者の核心は同自である。市井の経営者においても利行を事業活動に、涅槃・悟りを自社・顧客共の満足に置き換えて考えられる。そこでは所期

《表 2.4.41　四摂法と四無量心の意味》

四摂法	
布施	離貪のこころで、分かち合い、幸福へ価値観を転換する実践。
愛語	思いやりある、傷つけない、優しい言葉かけ
利行	相手のためになること、利益になることの実践
同自	相手を自分と同じように見て共感的理解により受け止める

※井上ウィマラ『仏教心理学キーワード事典』春秋社、2012 年、p.64

四無量	
慈	怒りを離れ、相手の存在をそのまま受容し、相手の幸福や健康や安楽を願うこころ
悲	相手の苦しみや痛みが和らぐように祈り願うこころ
喜	相手の成功や幸福を共に喜びそれらが長く続くように祈り願うこころ
捨	相手の人生の浮き沈みを自業自得の視点から適切な距離から見守ること

※井上ウィマラ『仏教心理学キーワード事典』春秋社、2012 年、p.66

《図 2.4.42　同自を核とする「四摂法」「四無量心」統合の全体像》

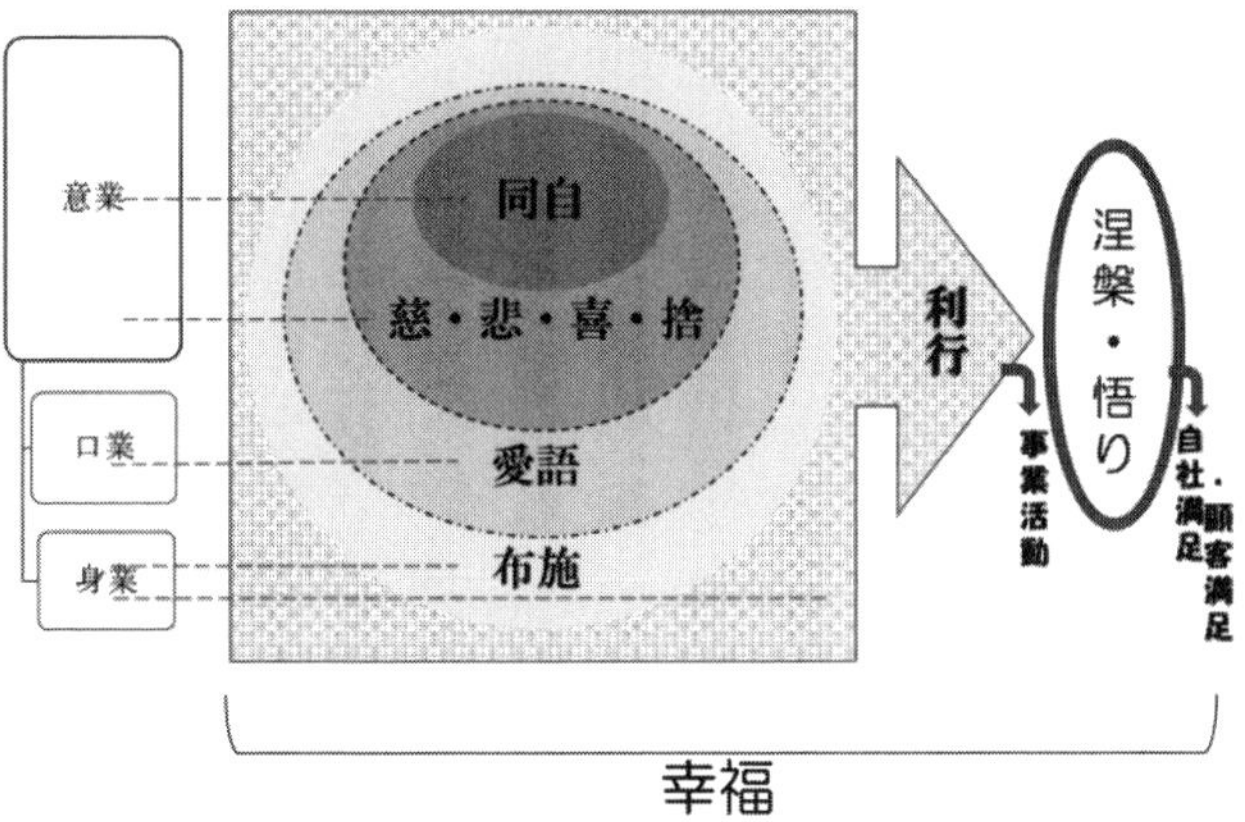

【註】同自は大乗仏教では、他人の事を自分の事のように思うとの訳出から「同事」と表記される(264)。本論では同自。

の幸せは表面的には顧客満足のもと自社なり自身の満足を得るところにあるが、それは結果であり一端であって、核心は同自である。留意すべきは事業活動であれなんであれ、あくまで同自あっての幸せであり、同自のない慈悲喜捨も利行も幸せも、その場合は造花のようなもの、根無し草状態なのである。さらにここでは付記ながらそこに思われることとして、倒産原因の考察も、この同自感覚の有る無しがその観点となり得る可能性を脳裏に留め置きたい。

社会活動に取り組む所期のリーダーシップの発揮が、この同自に基づくものなら、その影響下にある人はどれほど幸せなことだろう。その幸せを図るうえで、リーダーシップを発揮する者は同自のより深い体得を求めるべきである。そして堀の言葉、〝掴み取る〟を借りるなら、同自をどのように掴み取るか、その本題を次に考えてみたい。

2.4.2 同自の体得について

タイ国のとあるカフェテラスでのこと、そこに僧が現れ肩に担いでいた壺を店の人に差し出したのである。店の人はその為に用意していたらしき器から食べ物の類をさり気にその壺に入れた。タイ国の人は大変だなと、壺を差し出された側にたって筆者はそう思った。ミャンマーではタクシーに乗った折、信号待ちの窓際に僧が立ち現れた。筆者は嫌悪に近いものを感じたが、運転手はすぐに窓を開け、紙幣を壺に差し入れた。布施が極々自然なのである。同じよう

お寺体験…仏教国では、成人になる過程で“お寺”を当然のように体験する。“お寺”然としたものにお布施に出る修行があり、毎朝、定時時間になると街に繰り出していく。男性は個人行動であるが、女性はある程度まとまって行動している。この布施を受けた体験が後には僧への布施行をなさしめ、同自を醸成し続ける。

な光景を市場でも通りでも見かけた。筆者も市場で子供僧に壺でつつかれた。また筆者はミャンマーで会う人毎に瞑想経験について尋ねたのであるが、答えてくれた三十代、四十代の人たちのおおかたが中学生頃から瞑想に取り組み、既に約二十年間、ほぼ毎朝一時間ほどその瞑想をしているとのこと。瞑想は彼の国では気負わぬ日常だったのである。また興味深かったのは「お寺を二度やった」等の言葉であった。

〝お寺〟とは、寺で生活すること。その主要な体験は街に出てお布施を受ける行為という。これは仏教国である所以であろうが、男性も女性も一様にこの〝お寺〟経験を積んでいる。そしてそこに漸く、一般市民がかくも自然に布施できる背景を知り得た。おそらく初めて〝お寺〟体験する者はなにかと不安で一杯だったと思うが、仏教国の伝統の中ならではのこととして、僧ならば布施は受け得て、そこに安堵経験を誰しもが一様に持ち得ていたのである。僧に接する彼らには、日常に起こる布施の授受の場面では、僧の姿はかつての自分を見ることなのであって、そこに同自がある。同自なり布施なり幸せづくりが体系的に社会に組み込まれていたのである。私たちの社会には残念ながらかかる仕組みはない。ただ自発的なものとして、阪神大震災以降に見られるようになったボランティア活動は特筆すべきである。これはかつて支援を受けた被災者が、その後、同じ境遇に陥った被災者を救援することに始まり、今やそれは全国に広がった。そこには、確かに同自感覚と思しきものがある。本論では標準的な仕組みの考察を目的に、以下には一般生活の中での同自の養成を考えたい。

そこで示すのが「内観の瞑想」である。所謂「内観修行」（後説）は母親の内観を最重要と考え、当論「内観の瞑想」でもそこは同じである。「慈悲の瞑想」でも母を憶うべきことが語られるが、それは自身が優しさや温かみの感情を深く抱き得る対象として挙がる。例えばそれは飼っているウサギがその代替になることもある。[265]「内観の瞑想」はこのことのように自身が母（やウサギ）を憶う感情ではない。「あたかも母が己が独り子を命を賭けても護るように、そのように一切の生きとし生けるものどもに対しても無量の（慈しみの）こころを起こすべし」[266]のとおり、母の、我が子（自身）を思うその優しさや温かみの感情であり、それは「自他交換」[267]なのである。「内観の瞑想」の趣旨は、この〝無量の（慈しみの）こころ〟を含んだ、母親が持つ、母の我が子への本来的に持つ同自を掴み取るところにある。

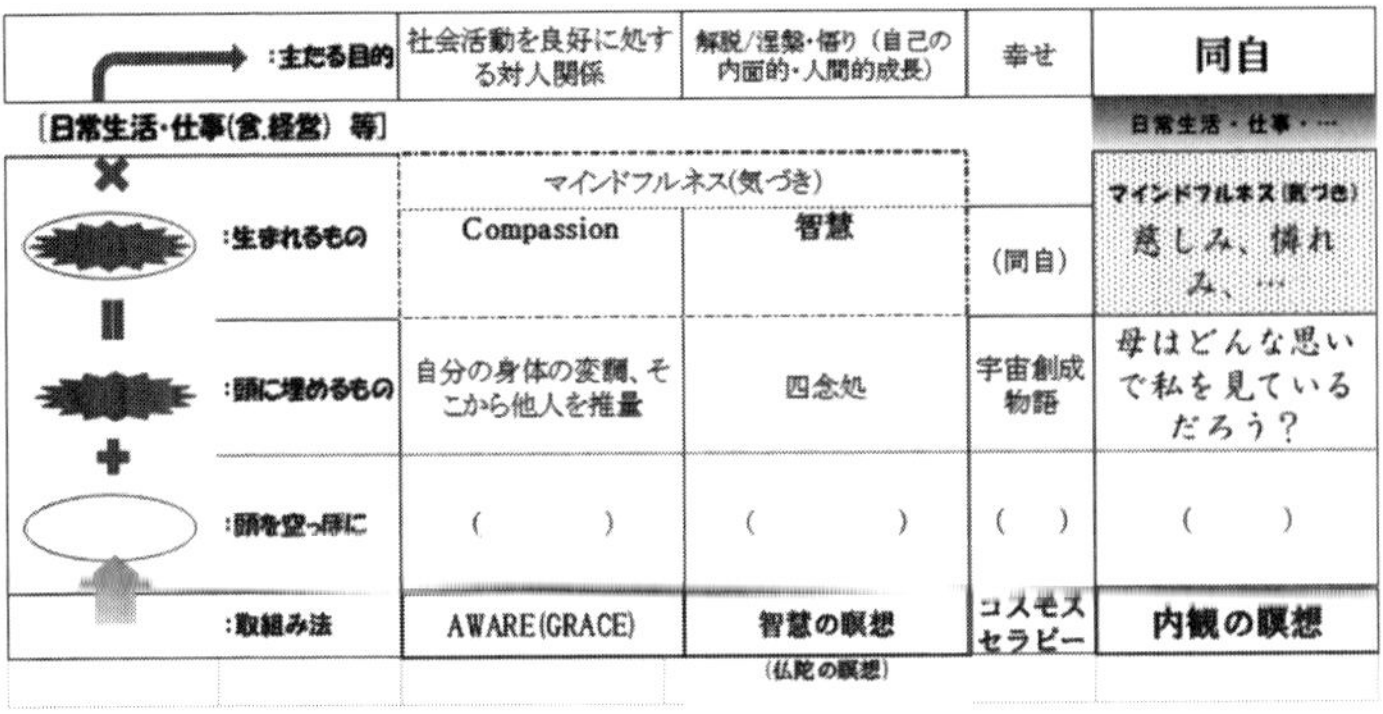

:主たる目的	社会活動を良好に処する対人関係	解脱/涅槃・悟り（自己の内面的・人間的成長）	幸せ	同自
[日常生活・仕事(含.経営)等]				日常生活・仕事・…
:生まれるもの	マインドフルネス（気づき）			マインドフルネス（気づき）
	Compassion	智慧	（同自）	慈しみ、憐れみ、…
:頭に埋めるもの	自分の身体の変調、そこから他人を推量	四念処	宇宙創成物語	母はどんな思いで私を見ているだろう？
:頭を空っぽに	（　　　）	（　　　）	（　）	（　　　）
:取組み法	AWARE(GRACE)	智慧の瞑想（仏陀の瞑想）	コスモスセラピー	内観の瞑想

当該瞑想の実際は、正念における四念処の身体を見る段階で、母親が自身を眺める視線、つまりは母親になり切る自己暗示が肝である。本来、四念処での身の観察で得るものは身の不浄ということであるがそれは置き、ここでは母親が子を見る慈しみや憐れみを自身の母親の身になって掴む取る。それを脳裏に刻み込み正念としていく。それが新たな「選好」を作る。「内観の瞑想」は、先に挙げた瞑想の二つの形式のなか、［正念］部に、この慈しみや憐れみをあてはめて行う瞑想であり、そこに新たに自身のものの見方考え方（＝正見）を作り上げていく。その正見を得て、母親が自身を見つめた眼差しを自身のものの見方考え方とし、社会活動を執り行っていく。ここに同自の体得と発揮が叶うのである（上図参照）。

先には瞑想取り組みには肩ひじ張らぬことを心得として記した。「内観の瞑想」も然りである。筆者は、海外での就労時、三食とも一人で食事をとる。そのとき、母が筆者を見ているこ との想像がいつか習慣になった。背後を振り返るわけではないが、そこに慈しみの眼差し、思いを感じ、胸が熱くなる。その機会に都度そんな眼差しを自分のものにしようとしている。それも「内観の瞑想」である。

さて「内観修行」であるが、それは元、浄土真宗の「見調べ」なる求道法に由来し、一宗一派に偏った宗教的色彩を取り除き、誰もが取り組めるよう工夫された研修である。(268)「見調べ」と内観の違いの筆頭は、その重点が無常観から罪悪感に変わった点である。それは、無常観の体得に真っ向取り組むよりも、罪悪感のこころをベースに無常観を体得することがより確実と考えられたからである。(269)内観研修は、自分にとって重要な人物、例えば母や父を思い起こし、自身が「してもらったこと」「して返したこと」「迷惑をかけたこと」を年代順に区切って思い起こす（＝取り調べる）。そしてその作業を区切る一、二時間おきに、指導者にその内容を簡潔に報告する。以上を基本作業とし、それを一週間繰り返す。(270)そこでの経験は自己の罪の自覚、及び他者の愛の自覚がその核心とされる。(271)罪の自覚については「してもらったことに対してして返していないこと」、或いは「してもらったことがあまりに多く、して返したことがあまりにも少ないこと」である。(272)この罪の自覚は、自分が思いやりを忘れ、自己本位の欲望に取りつかれやすいものであるという透徹した認識、洞察となる。この洞察は常に自己反省する謙虚な態度として保たれる。(273)他方の愛の自覚について筆者の体験からの考察を記してみたい。筆者は当内観研修のさなか、長らく懸案だった同自の体得に絡み、漸く納得し得るもののいくつかに気づいた。筆者は小学生以来、所謂お稽古事を多く習ったが、そのなかでスキーのことで母に質問したことがあった。「なぜ僕にスキーを勧めたの?」と尋ねると、母は、「女学校の頃、雑誌に載っていたスキーの様子に憧れ、あんたもしたらいいなと思って」と言ったことを思い出した。その時ふっと、それって同自?!と思ったのである。思い返せば母と子は、母親の胎盤と胎児が臍帯でつながっていたのである。臍帯は20ミリ×50～60センチ長の管状であり、母親からは酸素や栄養分が通い、また胎児からは老廃物が通う。その臍帯を通して母と子は実際に同体、同自だったのだ。母には母親の身をもって、子への正真正銘の同自感覚を抱いていたのである。筆者は四摂法のこの同自と、四無量心の捨が実にとらえにくかった。が、母のこころに思いを巡らすうち捨についても思い当たった。それは筆者の長女が骨肉腫であることが分かり、筆者は悲しみを堪えかね、言ってはならないと思いつつ、ついに母にそのことを喋ってしまったのである。その時母は、動揺を微塵も表さず、息を殺したようにただ黙って頷くのみであった。何も語らず、顔を背けることもなかった。爾来その時のその表情を筆者は語り得なかったのだが、実にそれが捨であった。即ち「相手の人生の浮き沈みを自業自得の視点から、適切な距離で見守るこころ」[274]の表情だった。それは母への共感を通し、母の同自を追体験したが故に知り得たCompassionのものであった。同自のこころを持った母は子に、慈悲喜捨を自然に執り行っている。

母は子に、四摂法と四無量心を自然体で体現している。そして誰もが自身に接した母親をその身に体得、体感している。従って、その最も身近な自身の母を自身が〝まねぶ〟、或いは〝掴み取る〟ことは標準手法として適正である。且つまた、母親のこころへの共感を日々に習熟していく手順には、個人の工夫と裁量の範囲で差があるにしても、自身の変容の工程が自身（子）の母親に依る点で一定の確実性を維持できる標準性がある。「内観の瞑想」は、母親への共感を通し、母の自身へのこころを我が物にし、そこに獲得した中身を瞑想の二つの形式に組み込み、その瞑想実践のもとでの洞察、変容体験を主旨とする。それが同自を顕す。「内観の瞑想」は最高位の智慧獲得法であって聞思修の修のものである。

2.4.3　同自の諸相

「瞑想者として生きていく」経営者が「内観の瞑想」に取組むとき、同自が次第に体得される。そこから自らの持ち場で同自に彩られたリーダーシップを発揮し得る。そこに経営の様相が変化する。その経営を本論では「偉大な経営」と呼んでみたい。「偉大」の語は、ジム・コリンズ『ビジョナリーカンパニー②』の主題である「偉大な企業」から採った。「偉大な企業」とは幾多の「良い企業」のなか、とりわけ卓越した企業のことである。この書はチャディー・メン・タンがビジネス書のなかで最も多くを教えてくれると評した書である。(275) 冒頭、「良好は偉大の敵である」[276]と記されている。〝敵〟を用語とするところ、両者の価値観が真逆であるかの印象を抱かせる。本書では良好な企業経営者と偉大な企業経営者の比較がなされている。そこでその関連記述を抜粋して比較し、〝敵〟の意味を改めて考えてみたい。《表２.４.３》は、その比較一覧である。

本書では「偉大な企業」経営者の特質を「おどろくほどの謙虚さ」と表現している[277]。下表の破線枠内の網かけ部にある「良好な企業」と「偉大な企業」にまとめた経営者の言動は正に〝敵〟が如き関係、羽矢辰夫の言う自己中心主義と関係性の対比がある。例えば前者における表中①－１と①－２の内容は「我所」「我」「我体」を彷彿させ、また①－３では失敗を運の悪さとしているが、後者では②－２「幸運に恵まれた」と語り、②－１

《表2.4.3『ビジョナリーカンパニー②』にある良好な企業経営者と偉大な企業経営者に関する記述の対比》

【引用】『ビジョナリーカンパニー②』p.45 ～ 58

<table>
<tr><th>「良好な企業」経営者</th><th colspan="2">「偉大な企業」経営者</th></tr>
<tr><td colspan="2">～謙虚さに関して～</td><td>～こころ・意識に関して～</td></tr>
<tr><td>①-1：「極端なまでに「わたし」中心のスタイルをとる」</td><td rowspan="2">②-1：自分について語ろうとしない」</td><td rowspan="3">④-1「飛躍した企業の経営幹部はあきらかに仕事を愛していた。そしてそれは主に、ともに働く人たちに愛情を持っていた。」

⑤「心から好きなことをしており、その目的を深く信じている、…。意味のある仕事をしていればほんとうに素晴しく、社会に寄与できることに関与していることの認識からめったにない心のやすらぎを得る」</td></tr>
<tr><td>①-2:「経営者の我が強く欲が深い」</td></tr>
<tr><td>①-3:「失敗原因として「運の悪さ」をあげることが多い」</td><td>②-2：「幸運に恵まれたと語り、…」</td></tr>
<tr><td>「我所なり」「我なり」「我体なり」</td><td colspan="2">慈・悲・喜・捨、同自、共生</td></tr>
<tr><td>自己中心主義</td><td colspan="2">関係性</td></tr>
</table>

「自分について語ろうとしない」。これらの対比には前者のどこか傲慢といった風と、後者の謙虚さがそれぞれ際立ってくる。着目は後者の④－1「働く人たちに愛情を持つ」である。それは慈悲喜捨の気持ちからのもの、或いは同自の意識である。ここに何より興味深いのは、これらを総ずる謙虚さが、自分を見つける機会や世界観が変わるような体験を経て、いわば真理の一端を垣間見た時に顕れること、また謙虚さ〟のノウハウを文言で語ることについて、概念が矮小化されるとしていることである。(278) このことの瞑想の関与については再び語るまでもない。

改めて〝敵〟の語の敢えての使用にいま一つを考えてみたい。エルンスト・フリードリッヒ・シューマッハーが示す仕事の意義に「①人間にその能力を発揮・向上させる場を与えること。②一つの仕事を他の人達とともにすることを通じて自己中心的な態度を棄てさせること。③まっとうな生活に必要な財とサービスを造り出すこと」がある。(279) ここでなにより〝②自己中心的な態度を棄てさせること〟が注目である。それは同自の認識を育むことにも通じる。ここでの自己は、個人にも会社にも置き換えられる。シューマッハーが示す仕事の意義には、筆者にも筆者周りの経営者にも馴染みの顧客貢献なり社会貢献といった語が意外にも出てこない。〝自己中心的な態度を棄てさせること〟が考えられないわかり易い事例として、資源の有限性が自明でありながら自身の生きる時間内であればと直接・間接にその資源を使用する個人なり会社の存在がある。また当該企業の事業活動によって有害物質の垂れ流しがおこり地域住民が甚大な健康被害を受けること必定にも拘わらず、生活を豊かにできるとの触れ込みでなされる会社活動もある。この各ケースそれぞれに、経営者（会社）なり施政側の人々は地域住民にも従業員にも社会貢献や顧客貢献をおそらく緻密で網羅された文言で語り、一応の理解と納得を得ていたに違いない。そんな現実から察するに、ただ口を突いて出がちな社会貢献なり顧客貢献の言葉が、自己中心主義の体よい隠れ蓑になっているのではないか。社会貢献なり顧客貢献なりを思う意識は、一方で「我所」「我」「我体」の表れとして、また自己中心主義の強まりを表す場合がある。この場合、かかる意識は自己中心的な態度を改める側に立とうとする者にとっては至極危ういもの、即ち〝敵〟なのである。コリンズが「良好」を敵と言う意図は、聞こえよく世間受けの良い諸々（＝「良好」）が、核心から目をそらさせていることの現状観察のもと、核心はそこにはない、体よい言葉の言い回しや思考パターンに騙されるな、欺かれるな、その警告にある。

以下には、いま見たような意味合いを含め、軽々しく取り組まれる「良好」においてではなく、深慮の上の「偉大」を示した事例、現実においてはおそらく勇気をもって取り組まねば現れなかったはずのいくつかの事例を示してみたい。

(i) 社長がけん引する「社員の幸せ」

堀場製作所創業者の堀場雅夫が定めた社是、「おもしろおかしく」は、堀場が社員一人一人を思いその幸せの追求を掲げた、まさに同自の表われである。堀場は社員に「愛社精神は不要！」と語り、また別には「自分の仕事を一所懸命やれ。自分のことを一番大事にしろ。自分を磨け。そして実力を身につければ組織のために働ける」[280]と言う。当初はこの社是に対して社の内外から批判的な声が上がり、堀場自身、制定に躊躇したと言う。批判が起こりがちな原因を稲盛に考える。稲盛は「世のために尽くすことこそ、人間としての最高の行為である」[281]と言う。稲盛の神髄「京セラフィロソフィ」では、「全従業員の物心両面にわたる幸福を追求すること」を従業員の気持ちに応えて策定したとし、ただそれでは片手落ちだとして「人類、社会の進歩発展に貢献すること」の語が加えられた。[282]ここに留意すべきは、後者を前者に並べ語った時点で窺える、前者をみるその外側目線のことである。そこに我がある。他方の「おもしろおかしく」は、それで言い切った背景を考えるなら、それはこころの目線以外に考えられず、まさにここに全一、縁起の世界観、また同自がある。そして両者は対立関係、敵なのである。

この社是のように、顧客第一ならぬ社員第一を表明するかの企業が昨今少しずつ表れている。例えば「社員が幸せでなくてお客さんを幸せにすることなどできない」[283]、また、「利益以上に社員の『幸せ』が優先する」などの文言が公に見聞きされるようになった。両備グループの経営方針には『論語』の忠恕にそった社会正義、そしてお客様第一、それらと共に社員の幸せが挙がり、経営の方程式として「会社の発展＝お客様の喜び×社員の生きがい＝社員の幸せ」の表明があったりする。[284] 塚越寛（伊那食品工業代取会長）は「会社は、社員を幸せにするためにある。そのことを通じて、いい会社をつくり、地域や社会に貢献する」[285]と明言している。これらは顧客貢献が日常的に語られてきたこれまでの風潮の中での表明であり、それだけに社長の強い信念の表われである。その信念は経営トップの脳裏に刻み込まれた同自がなさしめたものに違いない。

（ⅱ）行政が図る「国民の幸せ」「市民の幸せ」

国家に於いて「幸せ」を理念として掲げた国、ブータンを取り上げる。ブータンは、ＧＮＨ（＝Gross National Hapiness/国民総幸福量）を国家目標の指標とする。国家目標の一般的指標としてはＧＤＰ（Gross Domestic Product/国内総生産）があるが、物質的、経済的豊かさが一定以上に高まると、幸福感はむしろ下がると言われ、[286] 今や世界的にＧＤＰは見直しが必要とも言われている。前項の社員の「幸せ」優先もそのような見直しの一端と考えられる。そのようなことからブータンで現実に表われているＧＮＨ指標の掲揚は、施政側の一般市民との関係における大きな転換である。それはボトムアップ型施策として表れる。そこに同自の表わ

<table>
<tr><th>ブータン／
ガイドライン・理念</th><th colspan="2">ブータン／憲法～条文の抜粋～</th><th>ブータン／
GNH 指標（意味）</th></tr>
<tr><td>自然環境保全</td><td>第5条第2項</td><td>全国土の60％を森林として保全</td><td>8. 生態系（環境保全）</td></tr>
<tr><td rowspan="3">公正で持続可能な社会
経済発展</td><td>第9条第7項</td><td>所得格差や富の集中を最小限にする</td><td rowspan="2">1. 暮らし向き（生活上必要な経済基盤）</td></tr>
<tr><td>第9条第10項</td><td>自由市場競争を通じた民間セクターの促進と育成、および商業的独占を排除</td></tr>
<tr><td>第9条第11項</td><td>国民の十分な暮らし向きのための環境整備の促進</td><td>6. 時間の使い方（仕事と余暇の使い方）</td></tr>
<tr><td rowspan="3">伝統文化の保全とその促進</td><td rowspan="2">第9条第19項</td><td rowspan="2">地域における協働や拡大家族の保全</td><td>4. コミュニティの活力</td></tr>
<tr><td rowspan="2">7. 文化の多様性（ブータン文化の尊重と保全）</td></tr>
<tr><td rowspan="2">第9条第21項</td><td rowspan="2">近代医療と伝統医療の両面から、基礎的な公衆衛生サービスの無償提供</td></tr>
<tr><td rowspan="2">※良い政治</td><td>2. 健康（身体面の健康）</td></tr>
<tr><td>第9条第20項</td><td>仏教精神と普遍的な人類の価値観に根差した思いやりのある社会の持続的発展に繋がる環境づくり</td><td>9. こころの健康（精神面での健康）</td></tr>
<tr><td rowspan="2">※住民参加型の国民の誰にでも開かれた透明性の高い政治運営を責任をもって行うこと</td><td>第9条第16項</td><td>10学年までの無償教育、技能や専門教育の普及と能力に応じ、高等教育への平等な機会の付与</td><td>3. 教育</td></tr>
<tr><td>第9条第2項</td><td>国家はGNH（国民総幸福）の追及を可能ならしめる諸条件を促進させることに務めなければならない。</td><td>5. よい政治（民主的な意思決定に裏打ちされた政治）</td></tr>
</table>

ガイドライン・理念部：『GNH（国民総幸福）』p.46・47、憲法部：同書 p.49 ～ 56、GNH 指標部：同書 p.58

れがうかがえる。ブータンの国家方針の「よい政治」には住民参加型や開かれた高い透明性が挙がるがそれはボトムアップ型の表れであり、憲法にある「所得格差や富の集中を最小限にする」は施政側に擦り寄る狡猾者を、良識ある人は心で裁いても制止することはできず、そこにある声なき声を拾い上げ（＝ボトムアップ）た同自の条文と言える。同じく憲法にある〝高等教育への平等な機会〟は、教育が生活格差に繋がることを知りつつも、諸事情で教育の機会が廻らない人の諦めをボトムアップしている。即ち同自の表れである。

そのような例は日本の水俣市の行政にも見ることができる。水俣市は、昭和初期からのＧＤＰ成長施策により水俣公害問題を引き起こしたが、それを乗り越え近年、ＧＮＨ向上を掲げての施策転換を行った。かつての公害問題で生じた市民のこころとこころをつなぎなおす「もやい直し」（＝船同士をつなぐ綱のもつれを直すこと。転じて個々人の立場を越えてする協働の意）、「行政参加」という意匠の打ち出し（市民が主体であるから「市民参加」ではない）、また環境にやさしい生産活動者への「環境マイスター制度」を設立するなど、住民を忘れず住民の目線からの行政のあり方を進めている。(287) ここにもボトムアップ型、即ち同自が表れている。

ここに附随してＮＧＯ活動の例を挙げる。それは母親の視点をこころとしたマザー・テレサの活動である。マザー・テレサは、元シスター・テレサであった人の「生まれ変わり」と解せる。マザー・テレサは、社会の最貧層の人々と接するうちに、彼らへの共感に回心し、自他の境界を越え所期の活動を執り行った。カトリックの黒衣は、水色の線入りの、彼らと同じく木綿のサリーの白色の衣に換わる。そこに同自が窺える。(288)

第3章　瞑想の意味

3.1　智慧獲得の最上の手段

某かの行為に当人が体得したものを智慧と言い、仏教ではその獲得方法に聞く、考える、修行の三つ（聞思修）を挙げる。ここで言う智慧とは、三法印（真理）を体得し、その下でなされるべきものの見方、即ち正見のことである。聞の智慧はそれとして、その聞の智慧を生活に応用するところに思の智慧が作られ、この聞と思のもと深い集中力と洞察による変容体験を経て修の智慧がもたらされる。(301) 以下聞、思、修に相当する智慧の事例を順に記し、瞑想が智慧獲得の最も優れた手段、即ち修と目されるものであることを示したい。

増谷文雄はこれまでの天地や宇宙（＝存在）のありかたの類型に、キリスト教の「造られたもの」、ギリシャ哲学の「有るもの」、そして仏陀の「移ろうもの」があるとする。仏陀のそれは縁起であり、それは「これがあるときかれが成立し、これが生じるところによりかれが生じ、これがないときにかれが成立することなく、これが滅することによりかれが滅する」と表現される此縁性を、あらゆる事象に適用してそこに現れる全体の様である。(302) 三者のなか、現代の私たちが納得できるものは、その根拠として三法印や真理が説明される縁起の「移ろうもの」のみである。「造られたもの」を説くキリスト教は、絶対者である神が人間を地上の統治者に位置付ける人間中心思想であって、(303) そこから人間と自然とを相対させて考える二元論思考や

「自己中心主義」、エゴが芽生えた。近年、この「自己中心主義」は現代社会に諸問題を引き起こす元凶と見なされ、羽矢の「自己中心主義」に対する「関係性」[304]、サティシュ・クマールの「分離する哲学」に対する「関係を見る哲学」[305]が語られ、またジッドゥ・クリシュナムルティは関係がすべての基盤であり真理はその「関係の網の目」のなかで一瞬一瞬に経験され、私たちすべてを一つに編むべき生命の偉大なタペストリーの一部と語る[306]。これらは、万物の関係性やつながりが「なる」ものであることの洞察の上で、存在のあり方が縁起（＝相依性）であることを説いている。以上の理解と納得は聞の智慧である。次に思を挙げる。現代科学の知見によれば、宇宙の万物は宇宙誕生の百三十八億年前には一つの塊のうちにあり、そこから造られた原子の総数はビッグバン以来一定であり、その一定量の素材が破壊と融合、死と生等によるリサイクルを繰り返してさまざまに変遷してきた[307]。そこに百三十八億年を経ての、例えば目の前の壁なり机に、走り寄る犬に、或いは自身の身体を形作る今に至る類推が可能である。万物すべてが「移ろうもの」であることも感得できる。テック・ナット・ハンの「水上や希薄な空気の中を歩くのが奇跡ではなく、地上を歩くことこそが本当の奇跡」[308]なる言葉には、縁起の不思議が語られており、それはこの宇宙の推移の現時点で見る様々な現象を、自らが生活の中に「なる」ものと垣間知り、そこに体感するものの見方によるものである。それ故単なる聞に留まらず、思としての智慧となる。最後に修である。以下はいずれも宇宙のなかに浮かぶ青い地球に感得されたものである。スカイラブ４号の乗員Ｊ・カーは、宇宙における秩序、事象の調和に一つのパターンを感じたと言う。[309]パターンは法則であり今や「なる」の視点からしてそれは此縁性である。アポロ９号の乗員Ｒ・シュワイカートは、地球が、巨大な有機体、体内循環を有する一個の生命体（ガイヤ仮説：ガイヤ＝地母神、地球）に見えたと言う。[310]それは地上の無量の生命連鎖の様相を見知った上でのものの見方である。唯識的表現を使うと、全一の地球のまどかに完成されたその有り様に円成実性を感得し、そこに依他起の世界を垣間見たことであったとも言える。[311]それまでの遍計所執→依他起のものの見方が、円成実性→依他起のものの見方へ変容し、かかる意識の変容を伴ったこの宇宙体験は修の智慧をもたらしている。但しここでの智慧の体得は宇宙飛行士という一部の人に限られる。片や瞑想は、その努力に励む者には誰しもに等しく、宇宙飛行士のかかる稀有の体得内容を、簡便に自らの心身を用い、かつ普遍的にそこにもたらしてくれるものである。ここに瞑想の意義がある。

３．２　智慧の顕れる過程

３．２．１　坐り、身体を動かさずにする徹底思考（正定／正精進）

瞑想は、足を組んで上半身をまっすぐにして坐り、かつ、ここで身体を一切動かさないことが肝要となる。このことは「自分のこころのなかにどんなことが起こっても、それをすぐに行動化してしまう癖にブレーキをかけ、無意識的に動いてしまう習慣自体を対象化してゆく作業の枠組み」(312)なのである。坐って体の動きを固定することで初めて、いつも気づかずにいた身体随所の強弱さまざまな感覚の生成と消滅の様、またこころに次々に映し出される様を観察できるようになる。筆者は瞑想に取り付いた当初、身体を動かさないことを意識して座った早々に全身各所に痒みや痛みを感じ出し、そのことに耐え難い我慢を要した。そして普段痒ければ無意識で掻いたであろうこと、また日常生活でどれほど無意識に動いていたことであろうかと気づいた。或いは逆に体を動かさない十日間の瞑想合宿の後、他者のありふれた日常的な様子に驚いてしまうこともある。電車で見かけたひとりの女性、暑い八月の電車の中はそこそこ冷房が効いていながら、絶えずハンカチで額の汗をぬぐっている。手を動かすなかの、感覚が反応し続けるさまを異常とすら感じた。さて、さらにその痒みや痛みの感覚を観察し続けると、それは次第に何事もなかったかのように消えていく。が、痒みや痛みはまた別のところに現れ、そしてまた消える。ただその連続である。こころが映しだす様相も全く同様で、あきれるほどに雑多で多く、しかも脈絡なく湧きあがる。ここで視点を変えるのであるが、瞑想の核心は、まさにこのような体験をすることにある。それを見つめること、そしてそこでの気づきなのである。痒みや痛みが起こったり無くなったりすることの体験のなかに無常を感得し、また抑えても抑えても脈絡なく映り続ける妄念に、それが意のままにならぬこと、またその執着に苦を感得し、これら無常と苦から、自ずとこころから身体からして安定した本体である我などどこにもないことに気づく。即ちここに無我を感得するのである。これらは、人が普通に生活するなかに思いがちな所期の課題、「我所」「我」「我体」の有り方を、徹底否定していく道を作る。

3.2.2　呼吸を見つめて誘われるこころの清浄（正念／正定）

村木弘昌は仏陀の瞑想時の呼吸法が丹田呼吸であることに着目し、同じ呼吸法のマラソンを引き、「坐りマラソン」[3-13]を勧めている。マラソンには呼吸を通した瞑想との類似性がある。ここでは筆者のランニングでの呼吸観察を元に瞑想での意識変化を辿ってみたい。

例えば、早朝の比較的大きな公園の周遊道路のような道、まだ車も人もおらず街灯は道を照らし見晴らしがよい、そのような場所であればひたすら自身のランニングに集中でき、自身の身体への集中観察ができる。それは坐る瞑想と類似した環境である。因みにその道は慣れ親しんだ道である必要がある。茂木健一郎も言うように、「哲学の道」は毎日歩く西田幾太郎にとっては思索に向くが、観光で歩く者には耳目を奪われるばかりである[3-14]。

筆者は自身の年齢を多少気に掛け、ランニングの走りはじめには身体の随所を丁寧に辿って自身の体調を確認する。姿勢、呼吸のリズム、腕の振り、腰の回転、心臓の鼓動、お腹の具合、胸（肺）等という具合である。異常のないことを確認して走り続けるうち、小気味よく全身が動きそこには喜と楽がある。さてランニング技法に「地面の反発を利用して、……」というものがあり、筆者はその感触がなかなかつかめずにいたが、ある時点でそれを体感した。それは着地する右或いは左の足裏に交互に意識を集中することを既に忘れ、片足毎の着地でありながら、その右や左の区別なく自身を一個の身体として感じ得るようになった時であった。一つの深まりと言える。さらに走りを続けると、かかる身体の特定部位等の感覚も既になくただ走る意識のみ、或いはまるで意識が走っているかに錯覚する。次いで走りが脱落し、意識自身が筒（その内面が風景）の中心軸に坐し、風景が流れ去っていくのを見るような奇妙な感覚にとらわれる。やがてランニングするこの身がその空間に分け入ってそこでの空気に溶融する、或いは足の蹴り等の環境への働きかけをする自身が世界の営みに馴染み融け込む。呼吸を見つめることに始まり、いつか心身は次第に変容し、意識も消えたように環境世界と一体となって一層深まりを強めていく。ウルトラ・マラソンの走者が「24時間、何を考えてますか?」と問われ、〝何も〟と答えている。[315] この〝何も〟は、その場の一体感が故の言葉であり、そこでは意識すらも消えている。

　このランニングに見られた意識の変容は、瞑想が辿る禅定に共通するものがある。禅の語源は jhana（＝禅那→禅）であり、禅定とは禅に落ち着くこと、熟考、また焼き切ることとされ

《表 3.2.2　禅定の段階とその意味》

禅定の段階		意味（『呼吸による気づきの教え』p.114）	こころの作用					相応すると思われるランニング体験
			尋	伺	喜	楽	一境界	
色界定	第一禅	言語や概念的思考で対象を把握して観察	⊕	+	+	+	+	身体各部（足首、胸、息、お腹、…）を順に観察、調子を確認。
	第二禅	生命力が光を放つ（＝命の喜び）	−	−	⊕	+	+	身体の憂いがないことを確認を経て、走りに専念。
	第三禅	喜びが充ちそこを離れ、繊細でリラックス状態へ	−	−	−	⊕	+	意識の周りを風景が過ぎ去っていくような奇妙な感覚。ランナーズハイ
	第四禅	対象との一体感に没入	−	−	−	−	⊕	身体は、二酸化炭素を排出し、草木が産生する酸素を呼吸、大地を駆けている。風景と共存関係の中、風景との一体化
無色界定	空無辺処	意識が身体に遍満して沁みわたる						
	識無辺処	意識の働きだけに集約される						
	無所有処	何もかも、意識さえもなくなる						
	非想非非想処	微細な意識の迅速に流れる世界						

色界定：井上ウィマラ他『仏教心理学キーワード事典』春秋社、2012 年、p.75
無色界定：井上ウィマラ『呼吸による気づきの教え』佼成出版社、2005 年、p.114

こころの作用欄の印は、特徴的と考えられるものに○印を付した。
こころの作用欄、＋はあること、−はないことを示す。

る。禅定では、こころを一つの対象に集中させて（＝止・サマタ）こころの塵を焼きはらい、言葉や概念による表層を突き破って物事の実相に直接的に触れるとされる。[316] その実相が前項で示した無常、苦、無我であり、脳裏に深く刻まれるべきものとなる（正念）。さてこの禅定は、その深まりの順に欲界定、色界定、無色界定に区別される。これらは、瞑想鍛錬に励む者に自ずと想起されるものである。日常生活での禅定は欲界定のもの、ランニング時の禅定はおおよそ色界定のもの、そして瞑想での禅定は色界定と無色界定に渡る。その色界定には四禅定が、無色界定には四無色定がその深まりの順に説明される。《表3.2.2》にはこれら各段階の意味をまとめた。表中のこころの作用にある尋、伺、喜、楽、一境界は、ランニング体験にも該当するものがあった。表の○印部分は次段階で消えるものである。この深化する禅定の過程でこころの夾雑物つまり生活諸々でこころに付いた汚れが落ちていく。

3.2.3　こころの清浄と共の如実知見（正見／正念）

禅定段階の変化と共の意識の深化なり変容は、禅定の段階の深まるほどに、或いは清浄の程度が深くなるほどに瞑想に有用性があるわけではない。宮元啓一は深い禅定域である無色界定を「感情や思考の停止を目指す瞑想」と表現し、宮崎哲弥は「思考、表象、感覚、情動、意思、識別、言語作用がすべて消え去り、それらの対照も悉く消え失せた滅尽定においては、真理を観照すること自体が不可能」[317]と語る。にもかかわらず、当時無色界定禅定が熱心に取り組まれた理由は、人々の最大の関心事である輪廻の解脱において、欲望➡行為➡輪廻と連なるこの流れから逃れるために、この始まりにある欲望を止めること、そしてそのためにその原因となる感情や思考を停止させることを考えたからである。[318]苦行もそのために行われた。仏陀は感情や思考の停止、また苦行も一時的な抑制に終始することを見抜き、欲望（貪と瞋）が根ざす根本的な生存欲（渇愛、癡、無明）に着目し、その停止こそが持続的な抑制に繋がると考えたのである。[319] 別に言えば、それは、前者に関わる修行は十二支縁起での六入→触→受→愛→取のなか、触で止める触→受段階での抑制であったが、日常生活の限りそれは無理であって、そこで受→愛段階での制止、即ち受で留めるべき修行（＝瞑想）に思い至ったということである。ここに先に言う脳の知が抑えられ身体の知が働く禅定域、色界第四禅が目指される。この第四禅は止観均等と言われ、止と観が平均して適度に存在するので悟りや神通などの智慧が得られる。[320] 身体の知は微細な意識また微細な身体感覚にあり、それは私たちの身体が「もの」と接触して直接的にはっきりと感じる「大まかな物質的感覚」に対する感覚、接触に依らない感覚、瞑想時に身体全体に感じとる感覚である。[321] そしてその時、こころが澄み切って空っぽ（虚）になって先のウルトラ・マラソンの走者が〝何も〟と表現するようなこころの状態となる。その状態においてこころは清浄となり、如実知見による洞察が可能となる。

3.2.4　智慧即ち見ること、その正しいものの見方（＝正見）の獲得

洞察とは智慧、ものの見方であり、見ることが智慧である。[322] それはいまや正見として、鏡に事象を写すように見ることである。その見方に何らの想も先入観もない。

ミャンマーで行われているマハシ瞑想センターでは坐る瞑想、歩く瞑想を中心に、就寝時や起床時の瞑想等、ほぼ生活すべてにわたって瞑想技法が説かれる。実際に執り行われる日々の

マハシ瞑想センター（ミャンマー）…センター内はすべて瞑想のための時間と空間である。瞑想は就寝時間を除く1日20時間にわたり、坐る瞑想と歩く瞑想、食事時間や入浴時間はそこに振り分けられる。10日間以上の取組み者に門戸が開かれ、宿泊費・食費はすべて公費（布施）によってまかなわれている。

鍛錬は、坐る瞑想と歩く瞑想を一時間単位で繰り返す。歩く瞑想では左右の足を動かすことの都度、その足を上げる、前へ出す、床に置く、の逐一を観察し、その行為（色）と共に当該行為を内語（頭の中での語り）でそれぞれ確認する。坐る瞑想もそれは同様である。坐る瞑想では一切の体の動きをとめ、心身にある微細な意識また微細な身体感覚を細かく内語確認していく。より集中力が要求される。確認は、対象が微細なだけに最初は停まるほどに不明瞭かつ遅滞しがちであるが、習熟するにつれ次第に早く的確にそれが内語表現できるようになり、やがて刹那毎と思われるほどの速さでそれができるようになる。このような鍛錬は、先達が、智慧を語らんとした言葉を見知り脳裏に置いて取り組むことで一層この体験を深め得る。それは、あらゆる生命は専ら名（nama）と色（rupa）との二つ[323]のみであること、その名（物理的対象）と色（物理的対象を知るこころ）が別々にかつ常にペアで生じること、(324)またあるのはただ六根、十二処、十八界で説明される人間の識別の各要素のみであること。但しこの表現は未だ婉曲表現である。この認識が取り組まれる瞑想体験と共に諭されるべきは、なにより自己には永続的な中核がないこと、持続的な実体がないこと、なにに於いてもそれを私と執着してはならないこと、自己を創り上げないことなのである。(325)仏陀はこのことを「五蘊非我」として強調した。(326)以上によって澄んだ鏡に事象を映し出すかのような、或いは何らの想も先入観もないものの見方がもたらされる。ここに手順を踏んで漸くに求められるべきものの見方、それが正見であり、智慧と呼ぶものである。

3.3　勝負地・日常生活に活かすべき観照者感覚（正思・正業・正語・正命／正見）

瞑想はサマタ瞑想とヴィパッサナー瞑想に大別され、前者はこころを一つの対象に向けて集中力を養い（＝禅定）、後者は瞬間に興こるありのままを、鏡に映し出すように見る正見の智慧を深める。この両者は、人や状況次第でその取組み順などに臨機応変さがそれぞれに許容されている。(327)広義のヴィパッサナー瞑想はサマタ瞑想を共用して(328)「清浄道」とも呼ばれ、またその共用は有用性が高く、凝縮した二つの修行法として特に掲げられもする。(329) このように獲得される正見なり智慧を生活に活かすべき要語として、観照者感覚を取り上げてみたい。

　観照者感覚とは自分を眺め見るかの感覚であり、一人称である自身を三人称的に取り扱うアプローチとなる。それは瞑想鍛錬で獲得した止見のものの見方である。従って我・私の視座はおかれ、我・私は縁起の所産、いわば、仮構されたものとして認識される。「我所」「我」「我体」に立脚する視点からも離れている。全体性や同自も感得できる。但しここで観照者意識を継続して抱くことで観照者が改めて仮講されかちとなり、これもまた離れるべきことの留意が必要である。この観照者感覚は、ケン・ウィルバーが使った用語で、ウィルバーは、シュリ・ラマナ・マハリシの「夢を見ない深い眠りの中に存在しないものはリアルではない」に触発されて瞑想実践に一層取り組んでリアルを求め、(330) そこに見出した感覚として表わされた。リアルは真理と解釈できる。夢をみない深い眠りのなかでは脳の言語化機能が止まる。それは沈黙と同義である。地橋秀雄は言語と言語を使った思考のなかに無知が助長され苦が生まれるのであるから、逆にその言語を抑え言語を使う思考を消し去ったこの沈黙において苦の抑制と消滅が叶うとして、その実践を瞑想において語っている。同じくラリー・ローゼンバーグも、沈黙は瞑想の深い状態に入った時に触れ得て、条件づけられていない世界への入り口となり、物事をありのままに見ることができる境遇とし、(331) 人が真理を垣間見るのはこのような沈黙、即ち瞑想によって可能と言う。いずれにも夾雑物のないこころ、また澄み切った空（虚）のこころが説かれている。ここで実験に知られた興味深い事実を示すと、瞑想鍛錬の長い者は日常生活においても瞑想時における同じ脳波、つまり沈黙時や深い眠りの時と同様の脳波を発し得る。(332)このことは、瞑想鍛錬を積む程に、身に付いた三法印や縁起、真理に基づくものの見方が、種々雑多なできごとが錯綜する日常生活にもかき乱されず貫徹できることを意味する。その時、観照者感覚は唯識でいう妙観察智となる。かかる感覚を得るに等しく末那識は縁起や真理に基づく平等性智に、五識（眼耳鼻舌身の五つの識）は成所作智に、阿頼耶識は大円鏡智に転変する。この転変して得た四智なる智慧、即ち見ることのその見方であるが、その変容は、それまでこころの外側にあった全世界がその後はこころの内側にあるかのように見せていく。(333)そこに事物はすべてこころの中にひとつになる。大乗仏教ではそれを覚醒体験として語り、六波羅蜜の精道、静慮、般若に位置づけ、本題たる施、戒、忍辱の社会活動に向かわせる手段と考えた。(334)ここに改めて瞑想の意味を考えるなら、それは社会活動を行ううえでの適正なエネルギー蓄積の機会なのである。それは生きる力をもたらすものである。即ちそれを「癒し」と言う。

3.4　現代社会に働きかける者にとっての瞑想の意味　～癒しの機会～

現代社会はマルチタスクが常態化した社会である。マルチタスクとは言うものの、その実マルチ・スイッチングであり、それは集中力を削ぎ脳の重要機能である前頭前皮質と海馬に損傷を与えて疲弊させ、結果、人を自動操縦状態、無意識行動にしてしまう。[335] 情報が錯綜する現代社会にこころは翻弄されぐちゃぐちゃになってしまう。そこで、そんなこころをデフォルト状態に復元する力を人々は求めるようになる。その期待が例えば篠浦伸禎によってそんな力が瞑想にあるとして、瞑想がホルミシス力なる造語で表現される。それは、宇宙飛行士が宇宙滞在での健康被害の予測にもかかわらず宇宙でのストレスが身体機能を呼び起こし、地球帰還時には出発前より健康になさしめた（＝ホルミシス現象）力なのである。[336] 他にも、元物理用語のレジリエンスが「極度の不利な状況に直面しても、正常な平衡状態を維持できる能力。転じて、回復以上のものであり、困難のなかにあっても肯定的な感情をもって再生しながら成長し、絶えず健康的に機能できること」[337] と定義され、同じく瞑想の力を表現するものとなっている。これらの語が語られるところに、デフォルト状態へ立ち返ること、また心身の活性を取り戻すことへの期待が籠もる。そしてそこに「癒し」がある。「癒し」は、『広辞苑』によると「癒す」はあるが「癒し」はない。『デジタル大辞典』には「肉体の疲れ、また精神の悩み、苦しみを、何かに頼って解消したり和らげたりすること」と載る。「癒し」は、一九八〇年代末のバブル崩壊の時機、その反省のように造られた流行語であり、元々あった肉体の疲れや病気を治療することよりもこころの悩みや苦しみを和らげる意味合いの方がいまや一般的である。「癒し」の語は、第一章に取り上げた上田紀行の『スリランカの悪魔祓い』での記述が初出とされる。

その悪魔祓いの儀式（前出）において、患者（＝孤独な人）は社会の関係性を再確認することで、その一員に立ち戻り健常人となったと記したが、そのことを上田は「癒し」と表現した。悪魔祓いの儀式が示唆することは、他者や社会との関係性の認識が、心身の健常（健康）の要となることである。そのことからすれば、上記「癒し」の意味にある「肉体の疲れ、また精神の悩み、苦しみをなにかに頼って……」の〝なにか〟は、他者や社会との関係性の認識、或いはそれと一つになること、また縁起（＝相依性）の認識なのである。現代社会での心身治療の現場においてもこの同様例がある。それはマインドフルネスストレス低減法（MBSR）であり、J・カバットジンは、その要諦に、事物の全体性を感じ取り自分自身が網の目のような相関性のなかにある認識を挙げている。相関性とは自分が一つの全体であり、より大きな全体の中の一部であるとの認識である。これはまさに此縁性とその現象としての縁起の認識である。カバットジンは臨床における瞑想がかかる認識即ち縁起の認識を培い、「癒し」をもたらす例をその書に記している。(338)

第2章では、人間にとって幸福への思いの強さ・大きさを示した。それに等しく健康がある。昨今、その健康（≒健常）の要素に、スピリチュアルの側面が揃えて考えられるようになった。スピリチュアル面での健康は、無畏、安心、安堵に根差すものであって、それは次の言葉にうかがい知れる。『大品』に載る仏陀の言葉、「〝およそ生じる性質のものはすべて滅する性質のものである〟という塵を離れ汚れを離れた眼が生じた」では、仏陀が十二因縁の正逆を辿りそこに如実知見による真理の眼が得られたことを語っている。そしてその後の記述である。「すでに真理を見、……、疑念を払い、躊躇を離れ、無畏に到達し、……」で、その真理の眼をもった生活には、無畏、つまり不安が無くなったことが語られる。[339] つまり、真理の理解によってすべてを見通すことができた時、無畏、安心、安堵が得られるということ、それが健康のスピリチュアルな側面の整えとなって頑張る基底が固まるのである。ここに「癒し」がある。ここで再び宇宙滞在し、宇宙に浮かぶ地球を眺め得た宇宙飛行士の言葉である。「宇宙の本質は物質ではなく霊的知性なのだ。」「霊的知性は普遍的スピリットと合体する。……。人間の本質は普遍的スピリットだから不滅なのだ。……。だから私は死を全く恐れていない」[340]と言った。ここには宇宙に浮かぶ地球の姿に全体性を感じ得て、或いは一つになってそこに真理を体得、そこでの無畏の心境を表している。生きることに憂いがなくなっている。同様に、瞑想も、自身の身をもって無常、無我、縁起を体得し、また真理を体得、そこに無畏なり安堵がもたらされる。なので心身溌溂となり頑張れる。それをもたらすところ、そこに「癒し」がある。現代社会は「大きな変動幅、不確実、複雑、曖昧の世界」と言われる。[341] このような特質をもった現代社会に働きかける者にとって、瞑想は瞑想者への「癒し」を通して「生きる力」をもたらし、そして元気づける。そこに瞑想に取り組む者が得る大きな意味と意義がある。

おわりに

本論冒頭に、倒産当時の筆者の気持ちとして、自身の取り組んだ経営の何が誤っていたのか？　或いは何が正しいのか？　そこに納得でき確信できるものが得られなかったと記した。本論を終えるにあたり、そのことに対する一応の答え、本論考察の結論を示したい。

筆者は、通信制大学院で「人間学」を修めることに始め、日本ヴィパッサナー協会やスマナサーラ導師のもと、またマハシ瞑想センターでの各瞑想の機会に参加し、他にも内観修行、コスモスセラピー、感情論理療法研修、マインドフルネスリーダーシップ研修、四国歩き遍路を経験し所期の道を模索したのである。それらを総じて所期の課題解決は、瞑想に取り組むことに最も有用性が見込めると判断した。その瞑想に立脚した考察の過程で、筆者は経営する社（蘇州市、製造業）の従業員を対象に、約八カ月間、三時休憩後の十五分間を瞑想に充てた（下画像）。動機は彼等の仕事中の会話の多さ、ケアレスミス

の多さ、要は集中力の欠如に辟易していたからである。現在休止中ではあるが、その後の朝礼時の従業員の様子に落ち着きを感じ、また現場で感じたかつてのざわつきは減っている。そのような彼らを眺めて筆者が思うことは、実は彼ら自身がこの状態を待ち望んでいたのでは？

ということであった。振り返って自身の瞑想鍛錬においても同じく暴れまわるようなこころの働きが鎮まりそこに安堵がある。本論では瞑想鍛錬が観照者感覚を養い、その観照者感覚によって三法印や縁起で見ることとの体得がもたらされ、合わせて「我有」「我」「我体」の間違いを知ると共に同自を意識化、それを脳裏に収めるならば、自ずと四摂法、四無量心での所作が執り行え、結果、三法印なり縁起のあり方が自然で本来的な生き方として表れる、との結論を得た。先に記した安堵の境遇とは、この自然で本来的なあり方においてである。またこの状態に漸くのこと、「正しい」や「誤り」がなんであるかに気づき得る。

かつてオンリーワン、競争優位、自律型企業等々の言葉の下、自身や自社を社会に屹立させるように経営に取り組んできた筆者は、それを正しいと考えた。が少なくともそんな筆者の思考は「我有」「我」「我体」に根差し、それこそが誤りだった。社会での関係性に思いを致さぬままのかかる誤りに陥らないためにも、相依性の認識の下、三法印なりのものの見方考え方、即ち瞑想での観照者感覚の養成に感得される正しさを常々思い起こす必要がある。先般、タイ国の仏教寺院を見た折、いずれの寺院も幾重にも瞑想坐像が並び置かれ、その瞑想坐像の多さに大いに感じるものがあった。それは、陥りがちな「我有」「我」「我体」への仏陀の危惧でありそれ故の瞑想鍛錬の諭なのだ。特に経営者は事業において我を強く仮設せざるを得ないだけに、〝正しい〟をただ不用意に語らず、常日頃、瞑想を主体にした精進によって真理の体得に努め、〝正しい〟の何たるかを縷縷思い起こすべきである。本論で「良好」の敵とした「偉大」の語をかりるなら、そこに謙虚な経営者ならではの「偉大な経営」の道が拓けるのである。

【引用文献】

第1章　倒産者のこころの問題と再生への道

（1）永川幸樹『堤家の極意』ベストセラーズ、1984年、p．234
（2）伊丹敬之『経営を見る眼』東洋経済新報社、2007年、p．98
（3）井上ウィマラ『呼吸による気づきの教え』佼成出版社、2005年、p．157
（4）デビッド・S・ランデス／中谷和男訳『ダイナスティ』PHP研究所、2007年、p．359
（5）前掲書（1）―p．242
（6）増谷文雄『阿含経典 ①』筑摩書房、2012年、p．462
（7）増谷文雄『原初経典 阿含経』筑摩書房、1970年、p．171
（8）岡野守也『唯識の心理学』青土社、2005年、p．269
（9）高月義照『人間学』北樹出版、1994年、p．36、p．211
（10）内藤明亜『倒産するとどうなるか』明日香出版社、2009年、p．138
（11）前掲書（10）―p．78
（12）前掲書（10）―p．89
（13）前掲書（10）―p．101
（14）塚越　寛『リストラなしの「年輪経営」』光文社、2014年、p．49

(15) 野口誠一『不況だから倒産するのか?』佼成出版社、２０１１年、ｐ．35
(16) 野口誠一『倒産社長! どんな仕打ちを受け、どう立ち向かったか』中経出版、１９９８年、ｐ．１１２
(17) 前掲書(10)―ｐ．１３１～１４８
(18) 増田明利『今日、会社が倒産した』彩図社、２０１３年、ｐ．76～１１１
(19) 前掲書(10)―ｐ．62～１７４
(20) 出口治明「座右の書『貞観政要』」角川新書、２０１９年、ｐ．89
(21) 広井良典『ケア学』医学書院、２０００年、ｐ．14
(22) ミルトン・メイヤロフ／田村真、向野宣之訳『ケアの本質』ゆみる出版、１９８７年、ｐ．13
(23) 前掲書(21)―ｐ．４
(24) 前掲書(22)―ｐ．１８７
(25) 臨床教育学講座紀要『臨床教育人間学』第10号　研究論文　仏教はケアに向いている思想なのか、２００９年、ｐ．29
(26) 宮元啓一『インド哲学七つの難問』講談社、２００２年、ｐ．40～45
(27) 増谷文雄／梅原猛『知恵と慈悲』角川書店、１９６８年、ｐ．74
(28) 前掲書(27)―ｐ．88
(29) 渡辺照宏『仏教』岩波書店、１９７４年、ｐ．20～41

(30) 前掲書(6)—2012年、p.33
(31) 増谷文雄『阿含経典②』筑摩書房、2012年、p.633
(32) 前掲書(6)—p.655
(33) 桜部建『倶舎論』大蔵出版、1981年、p.43
(34) 桜部建／上山春平『存在の分析』角川書店、1996年、p.72
(35) 梶山雄一／上山春平『空の論理』角川書店、1996年、p.40
(36) 中村元『龍樹』講談社、2002年、p.167
(37) 前掲書(36)—p.182〜227
(38) 前掲書(26)—p.20
(39) 三枝充悳『世親』講談社、2004年、p.39
(40) 高崎直道『唯識入門』春秋社、1992年、p.56〜135
(41) 前掲書(40)—p.225
(42) 横山紘一『唯識思想入門』第三文明社、1976年、p.87
(43) 岡野守也『唯識の心理学』青土社、2005年、p.193
(44) 前掲書(43)—p.194
(45) 前掲書(43)—p.195
(46) 前掲書(43)—p.199

（47）前掲書（43）―ｐ．１７０～１９８

（48）ウィリアム・ブリッジズ／倉光修／小林哲郎訳『トランジション』創元社、１９９４年、ｐ．１１１～１９９

（49）石川勇一『修行の心理学』コスモス・ライブラリー、２０１６年、ｐ．１３０～１３３

（50）前掲書（48）―ｐ．１２３、ｐ．１２７、ｐ．１３５

（51）別冊宝島編集部編『倒産体験』宝島社、２００７年、ｐ．93

（52）キャサリン・Ｍ・サンダース／白根美保子訳『死別の悲しみを癒すアドバイスブック』筑摩書房、２０００年、ｐ．60

（53）エリザベス・キューブラー・ロス／鈴木晶訳『死ぬ瞬間』中央公論新社、２００１年、ｐ．68～２３０

（54）トーマス・アティッグ／林大訳『死別の悲しみに向きあう』大月書店、１９９８年、ｐ．27

（55）小此木啓吾『対象喪失』中央公論新社、１９７９年、ｐ．１３０

（56）上田紀行『生きる意味』岩波書店、２００５年、ｐ．１４４～１５６

（57）上田紀行『スリランカの悪魔祓い』講談社、２０１０年、ｐ．１１８

（58）前掲書（57）―ｐ．２７４

（59）前掲書（57）―ｐ．１６０～１６２

（60）前掲書（57）―ｐ．１９３

(61) 坂井祐円『仏教からケアを考える』法藏館、2015年、p.33
(62) 前掲書(61)―p.137
(63) 前掲書(61)―p.136~148
(64) 前掲書(48)―p.163
(65) 前掲書(48)―p.160
(66) 前掲書(48)―p.153
(67) 前掲書(48)―p.172
(68) 中村元『仏教語大辞典』東京書籍、1981年、p.499
(69) 石川勇一『心理療法とスピリチュアリティ』勁草書房、2011年、p.104
(70) 前掲書(69)―p.127
(71) 前掲書(69)―p.127
(72) (73) 前掲書(33)―p.85
(74) 佐々木閑『仏教は宇宙をどう見たか』化学同人、2013年、p.67
(75) (76) 前掲書(33)―p.85
(77) 前掲書(74)―p.77
(78) 前掲書(74)―p.85
(79) 前掲書(34)―p.115

(80) 宮元啓一『ブッダが考えたこと』春秋社、2004年、p.55
(81) 水野弘元『仏教要語の基礎知識』春秋社、2006年、p.136、p.150
(82) 前掲書(48)ーp.175
(83) 前掲書(48)ーp.179
(84) 前掲書(48)ーp.197
(85) 石川勇一他『サンガジャパン・vol.26』特集 無我 ―「私」とはなにか―、㈱サンガ、2017年、p.81
(86) 寂庵宗澤『禅茶録』知泉書館、2010年、p.10
(87) 前掲書(39)ーp.121
(88) 高崎直道『仏教入門』東京大学出版会、1983年、p.198
(89) アルバロ・フェルナンデス他/山田雅久 訳『脳を最適化する』CCCメディアハウス、2015年、p.336
(90) エレーヌ・フォックス/森内薫 訳『脳科学は人格を変えられるか?』文藝春秋、2014年、p.31
(91) ヨンゲイ・ミンゲール・リンポチェ/松永太郎、今本渉訳『「今、ここ」を生きる』PHP研究所、2011年、p.169,p.248~261
(92) 井上ウィマラ他『仏教心理学キーワード事典』春秋社、2012年、p.139

(93) 前掲書(33)—p.107
(94) 前掲書(37)—p.166
(95) アルボムッレ・スマナサーラ/藤本晃『ブッダの実践心理学 アビダンマ講義シリーズ 第5巻 業と輪廻の分析』サンガ、2009年、p.144
(96) リチャード・ドーキンス/日高敏隆ほか訳『利己的な遺伝子』紀伊國屋書店、2006年、p.16
(97) 前掲書(96)—p.34
(98) 前掲書(96)—p.28
(99) 前掲書(96)—p.291、p.296
(100) イアン・スティーヴンソン/笠原敏雄訳『前世を記憶する子どもたち』、日本教文社、1990年、p.21
(101) 前掲書(100)—p.345
(102) 前掲書(100)—p.47
(103) 三島由紀夫『豊饒の海(一)春の雪』新潮社、1977年、p.282
(104) ユヴァル・ノア・ハラリ/柴田裕之訳『サピエンス全史(上)文明の構造と人類の幸福』河出書房新社、2016年、p.39
(105) 高橋伸夫『経営の再生』有斐閣、1995年、p.210

第2章　経営者が「瞑想者として生きていく」こと

（201）稲盛和夫『人生と経営』致知出版社、1998年、p．109
（202）小倉昌男『小倉昌男の人生と経営』PHP研究所、2012年、p．19
（203）江口克彦『人生と経営この素晴らしきもの』PHP研究所、2001年、p．229
（204）ケリー・マクゴニガル／神崎朗子訳『スタンフォードの自分を変える教室』大和書房、2015年、p．140～146
（205）前掲書（204）―p．152、p．172
（206）中村元訳『ブッダの真理のことば感興のことば』岩波書店、1978年、p．179
（207）ジャック・アタリ／林昌宏訳『21世紀の歴史』作品社、2008年、p．19・49
（208）前掲書（207）―p．292
（209）上田吉一『人間の完成』誠信書房、1988年、p．37～46
（210）マチウ・リカール、タニア・シンガー編／辻村優英訳『思いやりの経済学』ぷねうま舎、2019年、p．169
（211）前掲書（207）―p．291
（212）前掲書（207）―p．288～291
（213）前掲書（90）―p．206
（214）アルボムッレ・スマナサーラ『瞑想経典編』サンガ、2017年、p．16～120

（215）前掲書（89）―p．204
（216）前掲書（44）―p．248
（217）田上太秀『ブッダの人生哲学』講談社、2002年、p．211
（218）前掲書（39）―p．115
（219）前掲書（6）―p．162
（220）『地球の歩き方 D24 ミャンマー（ビルマ）2019〜2020年版』著作編集「地球の歩き方」編集室、㈱ダイヤモンド社、2018年、p．158
（221）前掲書（215）―p．20
（222）前掲書（215）―p．33、53、62、67、75、87、94、100
（223）前掲書（215）―p．63
（224）前掲書（83）―p．208
（225）石田秀実『気のコスモロジー』岩波書店、2004年、p．59
（226）ターシャ・ユーリック／中竹竜二（監訳）、樋口武志（訳）『insight（インサイト）』英治出版、2019年、p．122
（227）チャールズ・ダーウィン／渡辺弘之訳『ミミズと土』平凡社、1994年、p．66〜94
（228）前掲書（225）―p．45〜165
（229）前掲書（225）―p．49〜51

（230）前掲書（214）—p．63
（231）マハーシ・サヤドー／星飛雄馬訳『ヴィパッサナー瞑想』サンガ、2016年、p．55
（232）前掲書（231）、p．106
（233）増谷文雄編訳『阿含経典③』筑摩書房、2012年、p．410
（234）前掲書（89）—p．208
（235）片山一良『原始仏教における善悪』駒澤大学研究紀要、p．192
（236）トーマス・セドラチェク／村井章子訳『善と悪の経済学』東洋経済新報社、2015年、p．357〜364
（237）前掲書（215）—p．50、56、75、106
（238）ジム・コリンズ／山岡洋一訳『ビジョナリー・カンパニー② 飛躍の法則』日経BP社、p．34
（239）堀紘一『リーダーシップの本質』ダイヤモンド社、2003年、p．79
（240）前掲書（239）—p．33、p．144
（241）前掲書（239）—p．43、46
（242）ジョン・P・コッター／黒田由貴子訳『リーダーシップ論』ダイヤモンド社、1999年、p．77
（243）前掲書（238）—p．31

（244）前掲書（243）―p.35
（245）荻野淳也、木蔵シャフェ君子、吉田典生『世界のトップエリートが実践する集中力の鍛え方』日本能率協会マネジメントセンター、2015年、p.30
（246）前掲書（245）―p.6
（247）木蔵シャフェ君子『頭と心を整えるレッスン』講談社、2017年、p.36
（248）前掲書（247）―p.64
（249）前掲書（87）―p.81
（250）前掲書（210）―p.236
（251）チャディー・メン・タン／柴田裕之訳『サーチ・インサイド・ユアセルフ』英治出版、2016年、p.30
（252）ダニエル・ゴールマン／土屋京子訳『EQこころの知能指数』講談社、1996年、p.55
（253）上田紀行『覚醒のネットワーク』河出書房新社、2016年、p.146
（254）ダニエル・ゴールマン／梅津祐良訳『ビジネスEQ』東洋経済新聞社、2000年、p.42・43
（255）前掲書（254）―p.41
（256）別冊サンガジャパン③『マインドフルネス』―仏教瞑想と近代科学が生み出す、心の科学の現在形―監修　蓑輪顕量、㈱サンガ、2016年

(257)前掲書(256)―p．143
(258)前掲書(256)―p．114
(259)前掲書(256)―p．130
(260)『AWARE』MLI、2018年、p．2
(261)東洋『日本人のしつけと教育』東京大学出版会、1994年、p．91
(262)中村雄二郎『臨床の知とは何か』岩波書店、1992年、p．129～135
(263)前掲書(90)―p．166
(264)前掲書(94)―p．66
(265)前掲書(93)―p．232
(266)中村元『ブッダのことば』岩波書店、1984年、p．38
(267)前掲書(93)―p．237
(268)三木善彦『内観療法入門』創元社、1976年、p．i
(269)吉本伊信『内観への招待』朱鷺書房、1995年、p．56
(270)前掲書(268)―p．3
(271)前掲書(268)―p．224
(272)前掲書(268)―p．239
(273)前掲書(268)―p．246

（274）前掲書（94）―p.64
（275）前掲書（251）―p.362
（276）前掲書（238）―p.2
（277）前掲書（238）―p.43
（278）前掲書（238）―p.59〜61
（279）E・F・シューマッハー／小島慶三、酒井懋訳『スモール・イズ・ビューティフル』講談社、1986年、p.71
（280）堀場雅夫『おもしろおかしく』日経BP社、2014年、p.102
（281）稲盛和夫『人生と経営』致知出版社、1998年、p.58
（282）稲盛和夫『京ヤラフィロソフィ』サンマーク出版、p.38
（283）福島正伸『起業家に必要なたった一つの行動原則』ダイヤモンド社、1998年、p.192
（284）片山修『社員を幸せにする会社』東洋経済新報社、2015年、p.165
（285）前掲書（14）―p.23
（286）枝廣淳子、草郷孝好、平山修一『GNH（国民総幸福）』海象社、2011年、p.24
（287）前掲書（286）―p.46
（288）西川潤『人間のための経済学』岩波書店、2000年、p.167

第3章　瞑想の意味

（301）前掲書（94）―p.63
（302）宮元啓一『仏教かく始まりき』春秋社、2005年、p.34
（303）前掲書（9）―p.33
（304）羽矢辰夫『ゴータマ・ブッダ』春秋社、1999年、p.120
（305）サティシュ・クマール／尾関修／尾関沢人訳『君あり、故に我あり』講談社、2005年、p.326〜329
（306）前掲書（305）―p.164
（307）ユベール・リーヴスほか／木村恵一訳『世界でいちばん美しい物語』筑摩書房、2006年、p.128
（308）ティク・ナット・ハン／池田久代訳『〈気づき〉の奇跡』春秋社、2014年、p.18
（309）立花隆『宇宙からの帰還』中央公論社、1985年、p.312
（310）前掲書（309）―p.351〜362
（311）前掲書（43）―p.195
（312）前掲書（3）―p.27
（313）村木弘昌『釈尊の呼吸法』春秋社、2001年、p.263
（314）茂木健一郎『走り方で脳が変わる！』講談社、2016年、p.124

（315）Tarzan（ターザン）No.728 ―実はカラダの持久力より重要? ランナー必携、ココロの持久力― 取材・文 井上健二、マガジンハウス、2017年10月26日号、p.103
（316）前掲書（94）―p.75
（317）佐々木閑、宮崎哲弥『ごまかさない仏教』新潮社、2017年、p.72
（318）前掲書（82）―p.48
（319）前掲書（82）―p.56
（320）前掲書（90）―p.221
（321）前掲書（93）―p.187
（322）ラリー・ローゼンバーグ／井上ウィマラ訳『呼吸による癒し』春秋社、2001年、p.167
（323）前掲書（231）―p.23
（324）前掲書（231）―p.134
（325）前掲書（322）―p.175、p.192
（326）前掲書（303）―p.96、97
（327）前掲書（94）―p.76
（328）地橋秀雄『ブッダの瞑想法』春秋社、2006年、p.5
（329）前掲書（322）―p.219

（330）ケン・ウィルバー／青木聡訳『ワン・テイスト：ケン・ウィルバーの日記（上）』コスモス・ライブラリー、2002年―p.109
（331）前掲書（322）―p.265～286
（332）前掲書（330）―p.122
（333）大竹晋『「悟り体験」を読む』新潮社、2019年、p.226
（334）前掲書（333）―p.285
（335）デボラ・ザック／栗木さつき訳『SINGLE TASK　一点集中術』ダイヤモンド社、2017年、p.77
（336）プラユキ・ナラテボー／篠浦伸禎『脳と瞑想』サンガ、2016年、p.130～136
（337）前掲書（259）―p.139
（338）J・カバットジン／春木豊訳『マインドフルネスストレス低減法』北大路書房、2007年、p.271～313
（339）前掲書（302）―p.81、88、89
（340）前掲書（309）―p.336
（341）前掲書（245）―p.47

中井 圭次（なかい・けいじ）

神戸市生まれ。京都薬科大学卒業。薬剤師。

家業の工業用品加工業を継ぎ社長就任後、NPO法人の設立やその産学連携企画を推進、国内での分社化、中国蘇州市にて生産工場の独資設立を行う。しかし､その後の企画開発商品の国内販売は不振を極め、結果、本体の社は倒産する。

倒産後、ドラッグストアに勤務。並行して武蔵野大学大学院通信教育部人間学科および高野山大学大学院通信教育部密教学科に学び修士取得、また四国遍路の先達資格認定。

現在、中国法人２社の董事長、日本法人２社の代表取締役社長、ミャンマー法人オーナー。同自（本書解説）による幸福づくりを念頭に、これらの事業に取り組んでいる。

倒産者の「生まれ変わり」
―良好は偉大の敵である― ジム・コリンズからの提言

2020年3月26日 第1刷発行

著　者　中井圭次
発行人　大杉　剛
発行所　株式会社 風詠社
〒553-0001　大阪市福島区海老江 5-2-2
大拓ビル 5 - 7 階
Tel 06（6136）8657　https://fueisha.com/
発売元　株式会社 星雲社
（共同出版社・流通責任出版社）
〒112-0005　東京都文京区水道 1-3-30
Tel 03（3868）3275
装幀　2DAY
印刷・製本　シナノ印刷株式会社

ISBN978-4-434-27324-7 C3034